Anna Christina Lensch
Schütze deine Gesundheit

Anna Christina Lensch

Schütze deine Gesundheit

Rund um das Thema Supplements, Heilkräuter,
Tinkturen und Schutz für deine Gesundheit

Bibliografische Information der Deutschen Nationalbibliothek: Die Deutsche Nationalbibliothek verzeichnet diese Publikation in der Deutschen National-bibliografie; detaillierte bibliografische Daten sind im Internet über http://dnb.dnb.de abrufbar.

Die automatisierte Analyse des Werkes, um daraus Informationen insbesondere über Muster, Trends und Korrelationen gemäß §44b UrhG („Text und Data Mining") zu gewinnen, ist untersagt.

© 2025 Anna Christina Lensch

Verlag: BoD · Books on Demand GmbH, In de Tarpen 42, 22848 Norderstedt, bod@bod.de

Druck: Libri Plureos GmbH, Friedensallee 273, 22763 Hamburg

ISBN: 978-3-7693-5862-9

Inhaltsverzeichnis

I

Vorwort

Unsere Gesundheit ist unser wertvollstes Gut, und doch wird sie oft durch übermäßigen Konsum, chemisch belastete Produkte und eine mangelnde Verbindung zur Natur gefährdet. Mit diesem Buch möchte ich dir Werkzeuge und Wissen an die Hand geben, um deinen Körper auf natürliche Weise zu unterstützen, zu stärken und zu heilen. Dabei setze ich auf bewährte Traditionen, wissenschaftliche Erkenntnisse und einfache, umsetzbare Rezepte.

Was erwartet dich?

Unsere Gesundheit ist unser größtes Gut, doch in der heutigen Welt ist sie zahlreichen Belastungen ausgesetzt – von Umweltgiften über Elektrosmog bis hin zu verarbeiteten Lebensmitteln. In diesem Buch teile ich mein Wissen aus langjähriger Erfahrung und meinem YouTube-Kanal, um dich dabei zu unterstützen, deinen Körper auf natürliche Weise zu entgiften, zu stärken und zu schützen.

Du erfährst alles über die besten Supplements, ein umfassendes Entgiftungsprogramm, die Bedeutung der Darmgesundheit und effektive Methoden zur Darmsanierung. Zudem tauchen wir in die Welt der Tinkturen zur Schadstoffausleitung ein, entdecken antiparasitäre Wirkstoffe und sprechen über Schutzmaßnahmen gegen Elektrosmog und Umweltgifte.

Inspiriert wurde dieses Werk durch meinen YouTube-Kanal, wo ich regelmäßig meine Erfahrungen, Tipps und Tricks teile. Es war mir wichtig, diese Inhalte in einer Form zu bündeln, die tiefer geht und dich umfassend begleitet. Das Buch soll wie ein Freund an deiner Seite sein – ehrlich, hilfreich und motivierend.

Mein Ziel ist es, dich zu ermutigen, Verantwortung für deine Gesundheit und dein Wohlbefinden zu übernehmen. Dabei möchte ich dich nicht nur inspirieren, sondern dir auch zeigen, dass der Weg zu einem natürlichen, bewussten Lebensstil weder kompliziert noch teuer sein muss. Die Natur bietet uns alles, was wir brauchen – wir müssen nur lernen, es zu nutzen. Ich freue mich darauf, dieses Wissen mit dir zu teilen und dich auf deinem Weg zu begleiten.

Mit Liebe und Leidenschaft,

Deine AnnaSun

Starke Antiparasitäre Pflanzenstoffe

Es gibt viele **pflanzliche Stoffe**, die antiparasitäre Eigenschaften besitzen. Diese Pflanzen können gegen eine Vielzahl von Parasiten im Verdauungstrakt und anderen Körperbereichen wirken, darunter **Würmer**, **Protozoen** (z. B. **Giardia** oder **Amöben**) und **Pilze**.

Hier sind einige der bekanntesten und effektivsten pflanzlichen Stoffe:

Wermut (Artemisia absinthium)

- **Eigenschaften:**
- Wermut ist bekannt für seine antiparasitären Eigenschaften, insbesondere gegen **Würmer** und **Protozoen**.
- Die aktive Verbindung **Thujon** wirkt gegen Darmparasiten und kann deren Wachstum und Fortpflanzung hemmen.
- **Anwendung:**
- In Tees, Kapseln oder als Tinktur. Kann gegen **Darmwürmer** und **Protozoen** wie **Giardia** hilfreich sein.

Schwarznuss (Juglans nigra)

- **Eigenschaften:**
- Der Extrakt aus den grünen Schalen der Schwarznuss ist besonders wirksam gegen **Darmwürmer**.
- Enthält **Juglon**, das antiparasitär wirkt und eine toxische Wirkung auf Parasiten hat.
- **Anwendung:**
- Meist als Tinktur oder Kapseln. Schwarznuss kann gegen **Spulwürmer**, **Hakenwürmer** und **Bandwürmer** eingesetzt werden.

Neem (Azadirachta indica)

- **Eigenschaften:**
- Neem hat eine starke antimikrobielle und antiparasitäre Wirkung und wird in der ayurvedischen Medizin häufig verwendet.
- **Azadirachtin**, ein aktiver Bestandteil, wirkt gegen verschiedene Arten von Parasiten, einschließlich **Würmer** und **Protozoen**.
- **Anwendung:**
- Als Tee, Pulver oder Tinktur. Neem kann auch gegen Hautparasiten und innere Parasiten eingesetzt werden.

Papaya (Carica papaya)

- **Eigenschaften:**
- Papaya enthält **Papain**, ein Enzym, das hilft, **Eiweiße** von Parasiten zu zersetzen und deren Abbau zu fördern.
- Besonders wirksam gegen **Würmer.**
- **Anwendung:**
- Die Samen der Papaya werden oft getrocknet und als Pulver eingenommen, um Darmparasiten zu bekämpfen.

Ingwer (Zingiber officinale)

- **Eigenschaften:**
- Ingwer hat eine entzündungshemmende und verdauungsfördernde Wirkung und kann die Aufnahme von Nährstoffen im Darm fördern, was die Abwehrkräfte gegen Parasiten unterstützt.
- Wird auch zur Beruhigung des Verdauungstraktes verwendet und hat eine leicht antiparasitäre Wirkung.
- **Anwendung:**
- Als Tee oder in frischer Form zur Unterstützung der Verdauung und bei parasitären Infektionen

Goldrute (Solidago virgaurea)

- **Eigenschaften:**
- Goldrute hat entzündungshemmende und harntreibende Eigenschaften, die helfen können, Parasiten aus dem Körper zu spülen.
- Sie unterstützt auch die Leber- und Nierenfunktion, was die Entgiftung fördert.
- **Anwendung:**
- Als Tee oder Tinktur zur Unterstützung des Ausleitungsprozesses bei parasitären Infektionen.

Oregano (Origanum vulgare)

- **Eigenschaften:**
- Enthält Carvacrol und Thymol, die antiparasitär wirken und sowohl Bakterien als auch Pilze bekämpfen können.
- Besonders effektiv gegen Würmer und Protozoen.
- **Anwendung:**
- Oreganoöl oder Tees sind nützlich, um Parasiten zu bekämpfen und die Darmflora zu stärken.

Kürbiskerne (Cucurbita pepo)

- **Eigenschaften:**
- Kürbiskerne sind besonders wirksam gegen **Darmwürmer**, insbesondere gegen **Spulwürmer**.
- Der **Cucurbitacin**-Gehalt hat eine lähmende Wirkung auf die Parasiten, was zu deren Ausscheidung führt.
- **Anwendung:**
- Kürbiskerne können roh gegessen oder in Form von Pulver eingenommen werden.

Bittergurke (Momordica charantia)

- **Eigenschaften:**
- Bittergurke hat antimikrobielle und antiparasitäre Eigenschaften und wird in der traditionellen Medizin verwendet, um Parasiten zu bekämpfen.
- Hilft auch, den Blutzuckerspiegel zu regulieren und das Immunsystem zu stärken.
- **Anwendung:**
- Als Saft, Tee oder Kapseln. Sie wird traditionell bei parasitären Infektionen eingesetzt.

Thymian (Thymus vulgaris)

- **Eigenschaften:**
- Thymian hat starke antibakterielle und antifungale Eigenschaften und ist auch gegen Parasiten im Verdauungstrakt wirksam.
- Besonders hilfreich bei der Bekämpfung von Magen-Darm-Infektionen.
- **Anwendung:**
- Als Tee oder in ätherischer Ölform. Es kann auch als Gewürz in der täglichen Ernährung verwendet werden.

Estragon (Artemisia dracunculus)

- **Eigenschaften:**
- Estragon enthält **Thujon**, das parasitäre Infektionen bekämpfen kann, ähnlich wie Wermut. Es ist besonders effektiv gegen **Darmparasiten**.
- **Anwendung:**
- Estragon wird in Form von Tee oder Tinktur zur Behandlung von Parasiten verwendet.

Koriander (Coriandrum sativum)

- **Eigenschaften:**
- Koriander hat antibakterielle, antivirale und antiparasitäre Eigenschaften.
- Wird oft zur Bekämpfung von **Protozoen** und zur Unterstützung der Entgiftung verwendet.
- **Anwendung:**
- In Form von Tee oder als Gewürz in der Küche.

Citruspektin

Citruspektin ist ein natürlicher Pflanzenstoff, der hauptsächlich aus den Schalen und Membranen von Zitrusfrüchten wie Orangen, Grapefruits und Zitronen gewonnen wird. Es gehört zur Gruppe der löslichen Ballaststoffe und besteht hauptsächlich aus Pektin, einem komplexen Kohlenhydrat, das in vielen Früchten vorkommt. Es wird oft in der Lebensmittelindustrie als Geliermittel verwendet, aber auch als Nahrungsergänzungsmittel, insbesondere aufgrund seiner gesundheitlichen Vorteile.

Wirkung und gesundheitliche Vorteile von Citruspektin:

Entgiftung und Ausleitung von Schwermetallen: Citruspektin wird häufig zur Unterstützung der Entgiftung des Körpers eingesetzt. Es hat die Fähigkeit, Schwermetalle wie Blei, Quecksilber und Cadmium zu binden und deren Ausscheidung über den Darm zu fördern. Dies kann besonders nützlich für Menschen sein, die einer Umweltbelastung oder Schwermetallvergiftung ausgesetzt sind.

Förderung der Verdauung: Als löslicher Ballaststoff hilft Citruspektin, die Verdauung zu regulieren und den Stuhlgang zu erleichtern. Es unterstützt die Darmgesundheit, indem es die Darmflora nährt und zu einer gesunden Verdauung beiträgt. Es kann auch gegen Verstopfung helfen, indem es Wasser im Stuhl bindet und dessen Passage durch den Darm erleichtert.

Blutdruck- und Cholesterinregulation: Einige Studien haben gezeigt, dass Citruspektin den Cholesterinspiegel im Blut senken kann, indem es die Aufnahme von Cholesterin im Darm verringert. Dadurch kann es zur Senkung des LDL-Cholesterins (schlechtes Cholesterin) beitragen und die Herzgesundheit unterstützen. Auch die Blutdruckregulation könnte durch Citruspektin positiv beeinflusst werden.

Gewichtsreduktion: Citruspektin kann eine Rolle bei der Gewichtsreduktion spielen, da es die Sättigung fördert. Aufgrund seiner Fähigkeit, Wasser zu binden, quillt es im Magen auf und sorgt für ein länger anhaltendes Sättigungsgefühl. Dies kann helfen, den Appetit zu kontrollieren und die Nahrungsaufnahme zu reduzieren.

Blutzuckerregulation: Citruspektin kann dazu beitragen, den Blutzuckerspiegel zu stabilisieren, indem es die Aufnahme von Zucker im Darm verlangsamt. Dies kann besonders für Menschen mit Typ-2-Diabetes oder Insulinresistenz von Nutzen sein, da es hilft, den Blutzuckeranstieg nach den Mahlzeiten zu verringern.

Förderung der Hautgesundheit: Citruspektin enthält antioxidative Eigenschaften, die die Hautgesundheit unterstützen können. Es schützt die Haut vor Schäden durch freie Radikale und trägt zur Regeneration und Verjüngung der Hautzellen bei.

Unterstützung des Immunsystems: Durch seine antioxidativen Eigenschaften kann Citruspektin auch das Immunsystem stärken, indem es hilft, oxidative Schäden zu reduzieren und den Körper vor Entzündungen zu schützen.

Anwendung von Citruspektin:

Citruspektin wird oft als Nahrungsergänzungsmittel in Form von Kapseln oder Pulver eingenommen. Eine typische Dosis liegt bei etwa 1–2 Gramm pro Tag, wobei die genaue Dosierung je nach individuellen Bedürfnissen variieren kann.

Fazit

Citruspektin bietet eine Vielzahl von gesundheitlichen Vorteilen, insbesondere bei der Entgiftung, der Darmgesundheit, der Herzgesundheit und der Gewichtsreduktion. Es ist ein vielseitiger Ballaststoff, der durch die Bindung von Toxinen und Schwermetallen sowie die Förderung einer gesunden Verdauung und Blutzuckerregulation zur allgemeinen Gesundheit beiträgt. Wenn du Citruspektin als Nahrungsergänzungsmittel einnehmen möchtest, ist es immer ratsam, dies in Absprache mit einem Arzt oder einem Gesundheitsexperten zu tun, insbesondere wenn du bereits gesundheitliche Beschwerden hast oder andere Medikamente einnimmst.

Zusammenfassung

Diese pflanzlichen Stoffe sind allesamt effektiv gegen eine Vielzahl von Parasiten, von **Würmern** bis zu **Protozoen.** Sie können als Tees, Tinkturen, Kapseln oder Pulver verwendet werden und bieten eine natürliche Unterstützung bei der Bekämpfung von Parasiten im Körper. Es ist wichtig, während einer antiparasitären Behandlung auf eine gesunde Ernährung, ausreichend Flüssigkeitsaufnahme und gegebenenfalls eine ärztliche Begleitung zu achten

Darmgesundheit vs. Darmsanierung - ohne Entgiftung geht es nicht

Darmgesundheit fördern ist für das allgemeine Wohlbefinden und die Unterstützung des Immunsystems von entscheidender Bedeutung. Ein gesunder Darm ist nicht nur für die Verdauung und Nährstoffaufnahme wichtig, sondern auch für die Abwehr von Krankheitserregern und die Regulierung des Stoffwechsels. Darmsanierung ist eine Möglichkeit, die Gesundheit des Darms zu verbessern, besonders bei einem Ungleichgewicht der Darmflora oder nach Belastungen wie Antibiotika-Einnahme oder Infektionen.

Wann ist eine Darmsanierung notwendig?

Eine Darmsanierung kann sinnvoll sein, wenn der Darm aus dem Gleichgewicht geraten ist. Typische Anzeichen für ein Ungleichgewicht oder eine gestörte Darmgesundheit sind:

- Häufige Blähungen und Völlegefühl
- Unregelmäßiger Stuhlgang (Verstopfung oder Durchfall)
- Reizdarmsyndrom (RDS)
- Lebensmittelunverträglichkeiten oder -empfindlichkeiten
- Unklare Hautprobleme (z. B. Akne, Ekzeme)
- Müdigkeit und Energiemangel
- Häufige Infektionen oder ein geschwächtes Immunsystem

Eine Darmsanierung zielt darauf ab, das Gleichgewicht der Darmflora (das Mikrobiom) wiederherzustellen, schädliche Mikroben zu reduzieren und die Verdauung zu optimieren.

Wichtigste Wege zur Darmgesundheit

Ernährung

- Ballaststoffe: Ballaststoffreiche Lebensmittel wie Vollkornprodukte, Obst, Gemüse und Hülsenfrüchte fördern das Wachstum von gesunden Bakterien im Darm und unterstützen die Verdauung.

- Probiotische Lebensmittel: Joghurt, Kefir, Sauerkraut, Kimchi, Miso und Kombucha sind reich an guten Bakterien, die das Mikrobiom stärken.

- Präbiotische Lebensmittel: Diese enthalten Fasern, die das Wachstum von nützlichen Bakterien fördern, wie Knoblauch, Zwiebeln, Bananen, Spargel und Lauch.

- Gesunde Fette: Fettreiche Lebensmittel wie Olivenöl, Avocado und Fettreiche Fische (z. B. Lachs) unterstützen die Gesundheit des Darms und wirken entzündungshemmend.

- Zucker- und Industriefreiheit: Zu viel Zucker und verarbeitete Lebensmittel können das Wachstum schädlicher Bakterien im Darm fördern. Eine Reduktion von Zucker und hochverarbeiteten Lebensmitteln ist daher wichtig.

- Vermeidung von entzündungsfördernden Lebensmitteln: Gluten, Milchprodukte und Frittierte Lebensmittel können Entzündungen im Darm fördern, besonders bei Menschen mit Unverträglichkeiten.

Probiotika

- Probiotische Ergänzungen können helfen, das Mikrobiom zu unterstützen und die Darmflora zu regulieren, besonders nach der Einnahme von Antibiotika oder bei wiederkehrenden Verdauungsproblemen. Sie sollten jedoch auf die Qualität und Vielfalt der Stämme achten.
- Wichtige probiotische Stämme: Lactobacillus, Bifidobacterium, Saccharomyces boulardii.

Hydration

- Ausreichend Wasser zu trinken ist entscheidend für eine gesunde Verdauung. Eine gute Flüssigkeitszufuhr hilft, den Stuhl zu erweichen und die Darmbewegungen zu fördern.

Vermeidung von Toxinen und Stress

- Antibiotika: Diese Medikamente können das Mikrobiom erheblich stören und sollten nur bei medizinischer Notwendigkeit eingenommen werden.
- Stressabbau: Chronischer Stress wirkt sich negativ auf die Darmgesundheit aus, da er das Mikrobiom und die Verdauung stören kann. Methoden wie Yoga, Meditation, Atemübungen und Spaziergänge helfen, den Stress zu reduzieren und den Darm zu beruhigen.
- Vermeidung von Umweltgiften: Reduzieren Sie den Kontakt zu Schwermetallen, Schadstoffen und Pestiziden, die die Darmgesundheit beeinträchtigen können.

Darmreinigung und Entgiftung

- Eine gezielte Darmreinigung kann die Ausscheidung von Toxinen und alten Abfallstoffen fördern, die sich in den Darmwänden festgesetzt haben. Diese sollte jedoch vorsichtig und unter Anleitung erfolgen.

- Unterstützende Maßnahmen können Flohsamenschalen (für Ballaststoffe), Kräutertees wie Pfefferminze, Löwenzahn oder Kamille und Pflanzliche Präparate zur Förderung der Leber- und Nierenentgiftung beinhalten.

Darmgesundheit durch Bewegung

- Regelmäßige Bewegung unterstützt die Verdauung und die Darmbewegung. Sport fördert die Durchblutung im Bauchraum, wodurch die Verdauung und die Entleerung des Darms erleichtert werden. Es wird empfohlen, regelmäßig zu gehen, zu schwimmen oder andere leichte bis moderate Bewegungen auszuüben.

Darmflora durch Fasting (Intervallfasten)

- Intervallfasten hat sich als nützlich erwiesen, um die Darmgesundheit zu fördern, da es dem Darm erlaubt, sich zu regenerieren und das Mikrobiom zu stabilisieren. Es gibt verschiedene Methoden, wie das 16:8-Fasten (16 Stunden Fasten, 8 Stunden Essensfenster).

Vermeidung von schädlichen Substanzen

- Alkohol und Koffein sollten in Maßen konsumiert werden, da sie den Darm reizen und zu einer Verschlechterung des Mikrobioms führen können.
- Nikotin kann das Mikrobiom stören und Entzündungen im Darm verursachen. Der Verzicht auf Rauchen fördert daher ebenfalls eine gesunde Darmflora.

Zusätzliche Maßnahmen zur Darmsanierung

- Kräuter und Pflanzenstoffe wie Löwenzahn, Mariendistel, Pfefferminze oder Kamille können die Verdauung unterstützen und helfen, die Darmgesundheit zu fördern.
- Darmsanierungsprogramme: Einige Menschen profitieren von speziellen Programmen, die auf eine komplette Regeneration des Darms ausgerichtet sind. Diese beinhalten oft eine Entgiftung, eine gezielte Ernährungsumstellung und die Einnahme von Prä- und Probiotika.

Wirkungen von Ingwer auf den Körper

Förderung der Verdauung:

- Ingwer ist bekannt dafür, die **Verdauung** zu unterstützen. Er fördert die Produktion von Verdauungssäften und verbessert die **Magenentleerung**. Ingwer kann auch Blähungen und Völlegefühl lindern und den **Magen-Darm-Trakt** beruhigen.
- Er hat eine krampflösende Wirkung, was ihn hilfreich bei der Behandlung von **Verdauungsstörungen**, wie Übelkeit oder Magenkrämpfen, macht.

Linderung von Übelkeit und Erbrechen:

- Ingwer wird traditionell zur Behandlung von **Übelkeit** eingesetzt, insbesondere bei **Reisekrankheit** und **Schwangerschaftsübelkeit**. Studien zeigen, dass Ingwer sehr effektiv bei der Reduzierung von Übelkeit ist, sowohl bei Reisekrankheit als auch bei Übelkeit im Zusammenhang mit Chemotherapie.

Entzündungshemmend und schmerzlindernd:

- Ingwer hat starke **entzündungshemmende** Eigenschaften, die bei der Linderung von Schmerzen und Entzündungen im Körper helfen. Insbesondere bei **Arthritis** und Gelenkschmerzen hat Ingwer aufgrund seiner entzündungshemmenden Wirkung positive Effekte.

- **Gingerol**, ein Hauptbestandteil von Ingwer, kann die Bildung von Entzündungsstoffen im Körper hemmen und so Schmerzen und Schwellungen verringern.

Stärkung des Immunsystems:

- Ingwer enthält Antioxidantien, die dazu beitragen, den Körper vor **freien Radikalen** zu schützen. Diese antioxidativen Eigenschaften unterstützen das **Immunsystem** und helfen, die allgemeine Gesundheit zu fördern.
- Ingwer hat auch antibakterielle und antivirale Eigenschaften, die ihn bei der Bekämpfung von Infektionen, wie Erkältungen oder Grippe, nützlich machen.

Blutdruckregulation:

- Einige Studien deuten darauf hin, dass Ingwer eine **blutdrucksenkende** Wirkung haben kann, indem er die **Blutgefäße erweitert** und die **Blutgerinnung** reguliert. Dies kann besonders vorteilhaft für Menschen mit **hohem Blutdruck** sein.

Förderung der Gewichtsreduktion:

- Ingwer kann bei der **Gewichtsreduktion** unterstützen, da er den **Stoffwechsel** anregt und die Fettverbrennung erhöht. Es gibt Hinweise darauf, dass Ingwer das Sättigungsgefühl steigern und die Kalorienaufnahme reduzieren kann.
- Auch die Förderung der Verdauung und die Regulierung des Blutzuckerspiegels spielen eine Rolle bei der Gewichtsregulation.

Linderung von Migräne und Kopfschmerzen:

- Aufgrund seiner entzündungshemmenden und schmerzlindernden Eigenschaften kann Ingwer bei der Behandlung von **Kopfschmerzen** und **Migräne** helfen. Ingwer wird oft als natürlicher Ersatz für Schmerzmittel verwendet.

Förderung der Blutzuckerkontrolle:

- Ingwer hat einen positiven Einfluss auf den **Blutzuckerspiegel** und kann helfen, den Blutzucker bei Menschen mit **Typ-2-Diabetes** zu senken. Es wird angenommen, dass Ingwer die Insulinsensitivität verbessert und die Blutzuckerwerte nach den Mahlzeiten stabilisiert.

Förderung der Herzgesundheit:

- Ingwer kann die **Blutfettwerte** regulieren, indem er das **LDL-Cholesterin** (schlechtes Cholesterin) senkt und das **HDL-Cholesterin** (gutes Cholesterin) erhöht. Dies kann das Risiko von **Herz-Kreislauf-Erkrankungen** verringern.

Anwendung und Dosierung:

- Ingwer kann frisch, als Pulver, in Tee oder in Form von Kapseln eingenommen werden. Eine gängige Dosierung beträgt etwa **1–2 g Ingwerpulver** oder **1–2 Teelöffel frischen Ingwer** pro Tag.

- Ingwertee ist eine beliebte Möglichkeit, Ingwer zu konsumieren. Einfach einige frische Ingwerscheiben in heißem Wasser ziehen lassen.

Fazit:

Darmsanierung oder präventive Pflege?

Ob eine Darmsanierung notwendig ist, hängt von der individuellen Situation ab. Eine präventive Pflege der Darmgesundheit durch eine ausgewogene Ernährung, Bewegung und Stressmanagement ist immer ratsam, um langfristig das Mikrobiom im Gleichgewicht zu halten. Bei bestehenden Verdauungsproblemen, nach Antibiotikabehandlungen oder nach Infektionen kann eine gezielte Darmsanierung sinnvoll sein, um das Mikrobiom wiederherzustellen und die Verdauung zu optimieren.

Eine gesunde Darmflora ist entscheidend für die körperliche Gesundheit und das allgemeine Wohlbefinden.

Tinktur um Giftstoffe/Schadstoffe auszuleiten

Natürliche Entgiftungstinkturen sind hochkonzentrierte Pflanzenauszüge, die den Körper dabei unterstützen, Schadstoffe, Schwermetalle und Stoffwechselrückstände effektiv auszuscheiden. Sie bieten eine sanfte, aber wirkungsvolle Alternative zu synthetischen Detox-Präparaten und wirken ganzheitlich auf Leber, Nieren, Darm und Lymphe. Eine Tinktur aus Koriander, Weidenrinde und Wacholder kombiniert die heilenden Eigenschaften dieser drei Pflanzen und kann verschiedene gesundheitliche Vorteile bieten.

Hier sind die spezifischen Wirkungen der einzelnen Pflanzen und die potenziellen synergistischen Effekte der Tinktur:

Koriander (Coriandrum sativum)

Wirkung:

- Entgiftung und Unterstützung des Verdauungssystems: Koriander hat entgiftende Eigenschaften und
  kann den Körper bei der Ausleitung von Schwermetallen (wie Quecksilber) unterstützen.

- Antioxidativ: Die ätherischen Öle in Koriander wirken
  antioxidativ und helfen, freie Radikale zu neutralisieren.

- Antimikrobiell: Koriander hat antimikrobielle Eigenschaften, die helfen können, schädliche Bakterien und
  Keime im Körper zu bekämpfen.

- Verdauungsfördernd: Koriander fördert die Verdauung
  und lindert Blähungen sowie Verdauungsstörungen.

Anwendung in der Tinktur:

Fördert die Entgiftung des Körpers, unterstützt den Stoffwechsel und wirkt beruhigend auf den Magen-Darm-Trakt.

Weidenrinde (Salix alba)

Wirkung:

- Schmerzlindernd und entzündungshemmend: Weidenrinde enthält Salicin, das im Körper zu Salicylsäure umgewandelt wird, einem wichtigen Wirkstoff in vielen Schmerzmitteln (wie Aspirin). Sie hilft bei der Linderung von Schmerzen und Entzündungen, insbesondere bei Gelenk- oder Muskelschmerzen.

- Fiebersenkend: Durch die entzündungshemmenden Eigenschaften kann Weidenrinde helfen, das Fieber zu senken.

- Antioxidativ und antioxidativ: Neben der Schmerzlinderung fördert Weidenrinde die allgemeine Gesundheit und stärkt das Immunsystem.

Anwendung in der Tinktur:

Besonders nützlich für Menschen, die unter chronischen Schmerzen, Entzündungen oder Fieber leiden. Die Weidenrinde trägt dazu bei, diese Symptome zu lindern und das allgemeine Wohlbefinden zu fördern.

Wacholder (Juniperus communis)

Wirkung:

- Entwässernd und entgiftend: Wacholderbeeren wirken harntreibend und helfen dem Körper, überschüssige Flüssigkeit und Toxine auszuscheiden. Sie werden traditionell zur Förderung der Nierenfunktion und bei Harnwegserkrankungen eingesetzt.

- Antimikrobiell und entzündungshemmend: Wacholder hat starke antimikrobielle Eigenschaften und kann helfen, Infektionen im Körper zu bekämpfen.

- Fördert die Verdauung: Wacholder unterstützt die Verdauung und kann helfen, Blähungen und Völlegefühl zu reduzieren.

- Antioxidativ: Wacholderbeeren wirken antioxidativ und schützen die Zellen vor Schäden durch freie Radikale.

Anwendung in der Tinktur:

Wacholder ist besonders effektiv bei der Entgiftung, der Verbesserung der Nieren- und Blasenfunktion und bei der Linderung von Verdauungsproblemen.

Synergistische Wirkung der Tinktur

Eine Tinktur, die Koriander, Weidenrinde und Wacholder kombiniert, bietet eine breite Palette von gesundheitlichen Vorteilen:

- Entgiftung und Reinigung: Koriander und Wacholder fördern die Entgiftung des Körpers, indem sie schädliche Stoffe (wie Schwermetalle und Toxine) ausleiten. Diese Eigenschaften werden durch die entzündungshemmende und schmerzlindernde Wirkung der Weidenrinde ergänzt.

- Schmerzlindern und Entzündungshemmend: Die Weidenrinde hat schmerzlindernde Eigenschaften, die insbesondere bei Gelenk- oder Muskelschmerzen nützlich sind. Wacholder und Koriander ergänzen diese Wirkung mit ihren entzündungshemmenden und schmerzlindernden Eigenschaften.

- Förderung der Verdauung und Linderung von Blähungen: Sowohl Koriander als auch Wacholder wirken verdauungsfördernd und helfen bei der Linderung von Verdauungsstörungen wie Blähungen und Völlegefühl.

- Stärkung des Immunsystems und antioxidative Wirkung: Alle drei Pflanzen enthalten antioxidative Verbindungen, die dabei helfen, freie Radikale zu neutralisieren und das Immunsystem zu stärken, was den Körper insgesamt widerstandsfähiger macht.

- Unterstützung des Harnsystems: Wacholder wirkt harntreibend und fördert die Ausscheidung von überschüssiger Flüssigkeit und Toxinen, was besonders bei der Entgiftung und bei Nierenproblemen hilfreich sein kann.

Einfache Anleitung zur Herstellung einer Tinktur mit Koriander, Wacholder und Weidenrinde:

- 25 g **Koriandersamen** (oder 20 g Korianderblätter, wenn frische Pflanze verwendet wird)
- 25 g Wacholderbeeren
- 25 g Weidenrinde
- 250 ml **hochprozentiger Alkohol** (z.B. Wodka oder Korn, mindestens 40 % Alkoholgehalt)
- Alternativ kann auch ein weniger starker Alkohol (z.B. 30-40 %) verwendet werden, aber je stärker der Alkohol, desto besser wird er die Wirkstoffe extrahieren.

Anleitung:

Vorbereitung der Pflanzenstoffe:

- Zerstoße die **Wacholderbeeren** und **Koriandersamen** leicht mit einem Mörser, um die ätherischen Öle freizusetzen und die Wirkstoffe besser extrahieren zu können.

- Wenn du **Weidenrinde** in Stücken hast, schneide sie grob, damit der Alkohol die Inhaltsstoffe besser aufnehmen kann.

Einlegen der Pflanzenstoffe:

- Gib die zerstoßenen **Wacholderbeeren, Koriandersamen** und die grob geschnittene **Weidenrinde** in ein Glasgefäß (idealerweise aus Glas mit dicht schließendem Deckel).

Alkohol hinzufügen:

- Bedecke die Pflanzenstoffe vollständig mit dem hochprozentigen Alkohol. Achte darauf, dass die Pflanzen gut eingetaucht sind. Falls notwendig, kannst du etwas mehr Alkohol hinzufügen.

Durchmischen und Verschließen:

- Verschließe das Glasgefäß fest und schüttle es gut durch.

Mazeration:

- Stelle das Glas an einen warmen, dunklen Ort (z.B. in einen Schrank) und lasse die Tinktur **2-4 Wochen** ziehen. Schüttle das Glas täglich, um die Extraktion zu fördern.

Abseihen:

- Nach 2-4 Wochen filterst du die Tinktur durch ein feines Sieb oder ein Baumwolltuch, um die Pflanzenteile zu entfernen.

Lagerung:

- Fülle die fertige Tinktur in eine dunkle Glasflasche oder ein Glasfläschchen. Bewahre sie an einem kühlen, dunklen Ort auf. Die Tinktur kann mehrere Monate haltbar bleiben.

Anwendung:

- Eine übliche Dosierung ist **10-20 Tropfen** der Tinktur, 1–2-mal täglich, entweder in einem Glas Wasser oder Tee.
- Die Tinktur kann unterstützend bei Verdauungsproblemen, Entgiftung, entzündlichen Beschwerden oder zur Förderung des allgemeinen Wohlbefindens verwendet werden.
- Anwendungsdauer: In der Regel sollte eine Tinktur über einen Zeitraum von 2–4 Wochen eingenommen werden, je nach Bedarf und Gesundheitsziel. Es wird empfohlen, nach einer Kur von 4 Wochen eine Pause von mindestens 1 Woche einzulegen.
- Achte darauf, die Tinktur mit Bedacht zu verwenden und bei Unsicherheiten oder bestehenden gesundheitlichen Problemen einen Experten zu Rate zu ziehen.

Fazit

Eine Tinktur aus Koriander, Weidenrinde und Wacholder vereint die Vorteile dieser drei Pflanzen in einem kraftvollen Mittel zur Förderung der Darmgesundheit, Entgiftung, Schmerzlinderung und Unterstützung des gesamten Stoffwechsels. Sie eignet sich besonders für Menschen, die unter Verdauungsstörungen, Entzündungen, Schmerzen oder den Folgen einer toxischen Belastung leiden. Bei der Anwendung ist es jedoch wichtig, auf die richtige Dosierung zu achten und im Zweifelsfall Rücksprache mit einem Gesundheitsberater zu halten.

Aufzählung der Maßnahmen, um den Körper zu entgiften

Hier eine kurze Auflistung der **Entgiftungsmaßnahmen** mit den genannten Bestandteilen/stoffen:

Chlorella

Wirkung:

Entgiftet den Körper von Schwermetallen (wie Quecksilber) und anderen toxischen Substanzen. Fördert die Ausscheidung von Giften über den Darm und unterstützt das Immunsystem.

Anwendung:

In Pulverform oder als Tabletten, 1–3 g pro Tag.

Natron (Natriumbikarbonat)

Wirkung:

Hilft, den pH-Wert im Körper zu regulieren und Säuren zu neutralisieren. Unterstützt die Entgiftung durch Verbesserung der Nierenfunktion und fördert die Ausscheidung von Toxinen.

Anwendung:

1/2 Teelöffel in einem Glas Wasser, täglich oder je nach Bedarf.

Natronbäder

Wirkung:

Hilft der Haut bei der Entgiftung und kann Giftstoffe durch die Haut absorbieren. Unterstützt die Regeneration und entspannt den Körper.

Anwendung:

1-2 Tassen Natron in ein Vollbad geben und 20-30 Minuten darin verweilen.

Zeolith

Wirkung:

Natürlicher Mineralstoff, der Schwermetalle, Toxine und andere schädliche Substanzen bindet und aus dem Körper ausscheidet.

Anwendung:

In Pulverform oder als Kapseln, 1–2 Teelöffel täglich, mit ausreichend Wasser.

Zeolithbäder

Wirkung:

Fördert die Entgiftung durch die Haut und hilft, Toxine aus dem Körper zu ziehen. Zeolith kann Hautprobleme lindern und den Körper entlasten.

Anwendung:

1-2 Tassen Zeolith-Pulver in ein Vollbad geben und 20–30 Minuten einweichen.

Tinktur aus Koriander, Wacholder und Weidenrinde

Wirkung:

Koriander unterstützt die Entgiftung von Schwermetallen, Wacholder fördert die Ausscheidung von Flüssigkeiten und Toxinen, und Weidenrinde hat entzündungshemmende und schmerzlindernde Eigenschaften.

Anwendung:

10–20 Tropfen täglich in Wasser oder Tee, 1–2 Mal täglich.

Gutes Wasser

Wirkung:

Hydration ist entscheidend für die Entgiftung. Wasser hilft, Toxine über die Nieren und den Urin auszuscheiden und unterstützt den gesamten Entgiftungsprozess.

Anwendung:

Mindestens 2–3 Liter pro Tag trinken, idealerweise gefiltertes Wasser.

Brennnesseltee

Wirkung:

Brennnessel wirkt harntreibend und hilft bei der Ausscheidung von Toxinen über den Urin. Zudem fördert sie die Nieren- und Leberfunktion.

Anwendung:

1–2 Tassen Brennnesseltee täglich, idealerweise über einen Zeitraum von 2-4 Wochen.

Alpha-Liponsäure

Wirkung:

Ein starkes Antioxidans, das dabei hilft, freie Radikale zu neutralisieren und die Entgiftung durch Leber und Nieren zu unterstützen. Fördert die Regeneration von anderen Antioxidantien im Körper.

Anwendung:

300–600 mg täglich, je nach Empfehlung eines Arztes oder Experten.

Zusammenfassung der Anwendungsmöglichkeiten

- **Chlorella, Zeolith und Alpha-Liponsäure** helfen bei der Entgiftung von Schwermetallen und anderen Giften.
- **Natron, Brennnesseltee und gute Hydration** unterstützen die Ausscheidung von Toxinen über den Harn.
- **Natronbäder und Zeolithbäder** fördern die Entgiftung über die Haut.
- **Tinktur aus Koriander, Wacholder und Weidenrinde** unterstützt die Entgiftung und lindert Entzündungen.

Diese Maßnahmen können synergistisch wirken, um den Körper von verschiedenen Toxinen zu befreien und die allgemeine Gesundheit zu fördern.

Erfahrungsbericht zur Anwendung von Entgiftungsmaßnahmen

"Ich habe mich entschieden, verschiedene Entgiftungsmaßnahmen auszuprobieren, um meine allgemeine Gesundheit zu
fördern und meinen Körper von Schadstoffen zu befreien. Im
folgenden Bericht möchte ich meine Erfahrungen mit den verschiedenen Maßnahmen teilen."

Chlorella

„Ich begann mit der Einnahme von Chlorella, da ich viel über
ihre Fähigkeit gehört hatte, Schwermetalle aus dem Körper zu
binden. Zu Beginn war ich etwas skeptisch, aber nach etwa
zwei Wochen bemerkte ich eine leichte Verbesserung meines
Energieniveaus und eine gesteigerte Konzentration. Es wird
oft empfohlen, die Dosis langsam zu steigern, was ich auch
tat, um Magenprobleme zu vermeiden, die bei empfindlichen
Personen auftreten können. Die tägliche Einnahme von etwa 2
g schien für mich gut zu funktionieren."

Natron

„Das Natron im Wasser war zunächst eine ungewohnte Erfahrung. Die Idee, den pH-Wert des Körpers zu regulieren, hat
mir gefallen, da ich wusste, dass ein übersäuerter Körper zu
verschiedenen gesundheitlichen Problemen führen kann.
Nach einigen Tagen stellte ich fest, dass meine Verdauung etwas besser funktionierte und ich mich insgesamt etwas

weniger „aufgebläht" fühlte. Ich nahm täglich einen halben Teelöffel in einem Glas Wasser, besonders nach den Mahlzeiten."

Natronbäder

„Die Natronbäder waren eine der entspannenden Entgiftungsmaßnahmen, die ich ausprobiert habe. Ich fügte dem Badewasser etwa eine Tasse Natron hinzu und verbrachte 20-30 Minuten darin. Ich hatte das Gefühl, dass meine Haut nach den Bädern weicher und frischer wirkte, und ich fühlte mich nach dem Baden sehr entspannt. Ich habe diese Bäder zweimal pro Woche genommen und fand sie besonders beruhigend. Während des Badens schwitzt man förmlich die Giftstoffe aus und die Haut schmeckt salzig. Das Badewasser war anfangs dunkler. Nach mehrmaligen Anwendungen war es dann nicht mehr so dunkel. Das Auch Gelenkschmerzen ließen nach."

Zeolith

„Die Einnahme von Zeolith-Pulver hat meine Entgiftungsroutine um eine weitere Ebene erweitert. Ich begann mit einer kleinen Dosis (1 Teelöffel) pro Tag und bemerkte, dass mein Hautbild sich verbesserte. Es war jedoch wichtig, während der Einnahme von Zeolith viel Wasser zu trinken, da es hilft, die Toxine aus dem Körper zu ziehen. Nach etwa einer Woche spürte ich eine verbesserte Klarheit im Kopf."

Zeolithbäder

„Zeolithbäder waren eine neue Erfahrung für mich. Ich fügte dem Badewasser 1-2 Tassen Zeolith-Pulver hinzu und blieb etwa 20 Minuten darin. Während des Bades fühlte ich mich angenehm entspannt und bemerkte nach dem Bad, dass meine Haut weicher und straffer wurde. Ich wiederhole diese Bäder etwa alle zwei Wochen."

Tinktur aus Koriander, Wacholder und Weidenrinde

„Die Tinktur war ein weiteres wichtiges Element in meiner Entgiftung. Ich nahm 15 Tropfen der Tinktur täglich und bemerkte nach einigen Tagen, dass mein Verdauungssystem besser funktionierte. Auch meine morgendliche Frische hat sich verbessert, und ich fühlte mich weniger träge. Der Geschmack der Tinktur war anfangs etwas gewöhnungsbedürftig, aber ich konnte mich daran gewöhnen."

Gutes Wasser

„Wasser spielte eine zentrale Rolle in meiner Entgiftung. Ich achtete darauf, täglich mindestens 2,5 Liter gefiltertes Wasser zu trinken, was mir half, die Toxine aus meinem Körper auszuscheiden. Ich bemerkte auch, dass ich mich weniger müde fühlte und meine Haut frischer wirkte."

Brennnesseltee

„Brennnesseltee war eine der einfacheren Entgiftungsmaßnahmen, die ich regelmäßig angewendet habe. Der Tee hat
eine harntreibende Wirkung, was mir bei der Ausleitung von
Toxinen geholfen hat. Nach etwa einer Woche regelmäßigen
Trinkens bemerkte ich eine Verbesserung meiner Blasenfunktion und fühlte mich insgesamt erfrischt."

Alpha-Liponsäure

„Ich nahm Alpha-Liponsäure in Kapseln, da ich von ihren antioxidativen Eigenschaften und ihrer Fähigkeit, die Leber bei
der Entgiftung zu unterstützen, hörte. Ich bemerkte, dass
meine Energielevels nach ein paar Wochen stiegen und meine
Haut einen gesünderen Glanz bekam. Es fühlte sich an, als ob
mein Körper durch diese Ergänzung insgesamt effektiver in
der Ausleitung von Toxinen wurde."

Gesamtfazit

„Nach etwa einem Monat, in dem ich diese Entgiftungsmaßnahmen integriert habe, fühlte ich mich insgesamt viel besser.
Meine Haut wurde klarer, meine Verdauung funktionierte besser, und ich fühlte mich energischer und weniger träge. Besonders die Kombination von Zeolith, Chlorella und den Bädern brachte mir spürbare Erleichterung. Es war wichtig,
geduldig zu sein und die Dosierungen nicht zu überschreiten.
Ich kann diese Methoden jeder Person empfehlen, die eine

sanfte und umfassende Entgiftung anstrebt, aber es ist immer ratsam, solche Maßnahmen mit einem Arzt abzuklären, besonders wenn man gesundheitliche Vorerkrankungen hat."

Dies ist eine hypothetische Schilderung, basierend auf den potenziellen Vorteilen und Erfahrungen. Jeder reagiert individuell auf Entgiftungsprozesse, und es ist wichtig, vorsichtig zu sein und gegebenenfalls professionelle Beratung in Anspruch zu nehmen.

Ernährung und Gesundheit gehen Hand in Hand

Rezept für einen nährstoffreichen und gesunden Smoothie

Zutaten

- 1 mittelgroße Karotte
- 1–2 cm frischer Ingwer (je nach gewünschter Schärfe)
- 1 TL Papayakerne (frisch oder getrocknet, gemahlen)
- 1 TL frisches oder getrocknetes Kurkuma
- 1 TL Gerstengraspulver
- 1 Selleriestange
- 1 Prise schwarzer Pfeffer (wichtig für die Aufnahme von Kurkuma)

- 1 TL Olivenöl (für gesunde Fette und bessere Nähr-stoffaufnahme)
- 200–300 ml Wasser (je nach gewünschter Konsistenz)

Zubereitung

Vorbereitung der Zutaten:

- Die Karotte schälen und in kleinere Stücke schneiden, damit sie leichter zu mixen ist.
- Den Ingwer schälen und in kleine Stücke schneiden.
- Den Sellerie in kleinere Stücke schneiden.
- Falls du ganze Papayakerne verwendest, solltest du sie vorher in einem Mörser oder Mixer zermahlen.

Mischen:

- Gib die Karotte, den Ingwer, Sellerie, gemahlene Papayakerne, Kurkuma, Gerstengraspulver und eine Prise Pfeffer in einen Mixer.
- Füge das Olivenöl hinzu, um die Fettlöslichkeit der Nährstoffe zu unterstützen und den Geschmack zu bereichern.
- Gieße das Wasser dazu, um die gewünschte Konsistenz zu erreichen.

Mixen:

- Mische alles gut durch, bis der Smoothie schön cremig und glatt ist. Wenn du eine dünnflüssigere Konsistenz möchtest, kannst du mehr Wasser hinzufügen.

Vorteile des Smoothies:

- **Karotten** liefern Beta-Carotin (Vitamin A), das die Haut und das Immunsystem unterstützt.
- **Ingwer** wirkt entzündungshemmend und fördert die Verdauung.
- **Papayakerne** sind bekannt für ihre entgiftenden Eigenschaften und können zur Unterstützung der Verdauung und der Parasitenbekämpfung beitragen.
- **Kurkuma** (in Kombination mit Pfeffer) hat starke entzündungshemmende und antioxidative Eigenschaften, die helfen, Entzündungen zu reduzieren und die Gelenkgesundheit zu unterstützen.
- **Gerstengraspulver** ist reich an Vitaminen, Mineralien und Chlorophyll und unterstützt die Entgiftung sowie die Energieproduktion.
- **Sellerie** ist hydrierend und enthält viele Vitamine und Mineralien, die das Herz-Kreislaufsystem und die Verdauung fördern.
- **Olivenöl** liefert gesunde Fette, die die Aufnahme fettlöslicher Vitamine unterstützen.

Dieser Smoothie ist also nicht nur lecker, sondern auch eine wahre Nährstoffbombe für deine Gesundheit!

Frühstück als Booster und gleichzeitig Gesichtsmaske

Hier ist ein Rezept für ein nährstoffreiches Frühstück, das all deine Zutaten auf schmackhafte und gesunde Weise kombiniert:

Zutaten

- **150 g Skyr** (reich an Protein, cremig und sättigend)
- **Optional 1 TL NaNa10** (eine Mischung aus natürlichen Zutaten, die Energie liefert und den Stoffwechsel anregt)
- **50–70 g wilde Heidelbeeren** (frisch oder tiefgekühlt, reich an Antioxidantien)

- **1 Messlöffel Magnesiumpulver** (entsprechend der empfohlenen Tagesdosis)
- **1/2 TL Vitamin-C-Pulver** (zur Unterstützung des Immunsystems)
- **1 TL Kollagenpulver** (für Haut, Haare, Nägel und Gelenke)
- **1 TL Tannenhonig** (für natürliche Süße und zusätzliche Mineralstoffe)

Vorteile dieses Frühstücks

- Proteinreich durch Skyr und Kollagen – ideal für den Muskelaufbau und die Sättigung.
- Antioxidativ dank der wilden Heidelbeeren und Vitamin C – unterstützt das Immunsystem und schützt vor oxidativem Stress.
- Mineralstoffreich durch Magnesiumpulver und Tannenhonig – fördert die Muskelfunktion und liefert Energie.
- Verdauungsfördernd durch NaNa10 und die natürliche Ballaststoffe der Heidelbeeren.

Dieses Frühstück ist eine perfekte Kombination aus Energie, Nährstoffen und Geschmack, das dich optimal in den Tag starten lässt und wenn ihr davon ein bisschen vorher abnehmen (1 EL) können wir dieses wunderbare Frühstück auf unser Gesicht auftragen und 10 Minuten wirken lassen.

Mit lauwarmen Wasser abspülen und glatte nährstoffangereicherte Haut genießen!

Lebensmittel erkunden, wählen und behandeln

Das Erkunden, Wählen und Behandeln von Lebensmitteln ist entscheidend, um eine gesunde Ernährung sicherzustellen und Nährstoffe optimal zu nutzen. Hier sind die wichtigsten Aspekte:

Lebensmittel erkunden

Saisonalität beachten:

Saisonal verfügbare Lebensmittel sind frischer, schmackhafter und nährstoffreicher. Informiere dich, welche Obst- und Gemüsesorten in deiner Region aktuell Saison haben.

Regionale Produkte bevorzugen:

Regionale Lebensmittel haben kürzere Transportwege, was Frische und Nährstoffgehalt verbessert und gleichzeitig die Umweltbelastung reduziert.

Zutatenlisten verstehen:

Bei verarbeiteten Lebensmitteln sollte die Zutatenliste möglichst kurz und frei von Zusatzstoffen wie künstlichen Aromen, Konservierungsmitteln oder Farbstoffen sein. Besser keine verarbeitete Lebensmittel kaufen.

Qualität erkennen:

Biologische oder ökologisch angebaute Lebensmittel sind oft frei von Pestiziden und chemischen Düngemitteln. Zertifikate wie "Bio" oder "Demeter" können Orientierung bieten.

Lebensmittel wählen

Frische prüfen:

- Obst und Gemüse: Achte auf feste, unverletzte und unverfärbte Produkte. Vermeide solche mit weichen Stellen oder Schimmel.
- Fleisch und Fisch: Frisches Fleisch sollte eine kräftige Farbe und keinen unangenehmen Geruch haben. Frischer Fisch hat klare Augen und eine glänzende Haut.

Nährstoffgehalt beachten:

- Wähle Vollkornprodukte statt Weißmehlprodukte, da sie mehr Ballaststoffe, Vitamine und Mineralstoffe enthalten.
- Bevorzuge natürliche Lebensmittel (z. B. frisches Obst) gegenüber stark verarbeiteten Alternativen (z. B. Fruchtsaft oder Konserven).

Nachhaltigkeit berücksichtigen:

Reduziere den Konsum von umweltschädlichen Lebensmitteln (z. B. Massentierhaltung, Palmöl) und wähle nachhaltige Alternativen wie Hülsenfrüchte, Nüsse oder pflanzliche Öle.

Lebensmittel richtig behandeln

Waschen und Lagern:

- Wasche Obst und Gemüse gründlich, um Schmutz, Pestizide und Keime zu entfernen. Am besten ein Natronbad für Obst und Gemüse vorbereiten und 15 min baden lassen in einer Schüssel mit Wasser und 1,5 TL Natron Gemisch.
- Lagere leicht verderbliche Lebensmittel (z. B. Milchprodukte, Fleisch) immer im Kühlschrank. Obst wie Äpfel oder Beeren bleiben frisch, wenn sie kühl gelagert werden.

Schonend zubereiten:

- Dämpfen, Dünsten oder Backen erhalten die meisten Nährstoffe besser als Kochen in viel Wasser oder Braten bei hohen Temperaturen.
- Reduziere den Gebrauch von stark gesalzenen oder frittierten Speisen.

Haltbarkeit beachten:

Lebensmittel vor dem Verfallsdatum verbrauchen. "Mindestens haltbar bis" bedeutet nicht "sofort wegwerfen". Schau dir das Produkt genau an.

Reste sinnvoll verwerten:

Nutze Reste kreativ, um Abfall zu reduzieren. Aus Gemüseabschnitten können Suppen entstehen, und überreifes Obst eignet sich für Smoothies.

Warum ist das wichtig?

- Gesundheit fördern: Frische, unverarbeitete Lebensmittel sind reich an Nährstoffen und frei von schädlichen Zusatzstoffen.

- Lebensmittelverschwendung vermeiden: Bewusster Einkauf und Lagerung reduzieren unnötige Abfälle.

- Umwelt schützen: Nachhaltige Lebensmittelwahl verringert den ökologischen Fußabdruck.

- Kosten sparen: Regionale und saisonale Produkte sind oft günstiger, und clevere Lagerung verhindert teuren Verderb.

Zusammenfassung

- Achtsamkeit: Bewusstes Erkunden und Wählen von Lebensmitteln.
- Wissen: Über Herkunft, Qualität und Nährwert informiert sein.
- Pflege: Lebensmittel richtig lagern und schonend zubereiten.

Diese Prinzipien fördern nicht nur die Gesundheit, sondern auch Nachhaltigkeit und Genuss!

Proteine und 2 Rezepte die den Tagesbedarf abdecken

Proteine (Eiweiße) sind essenzielle Makronährstoffe, die für zahlreiche Prozesse im Körper unverzichtbar sind. Sie bestehen aus Aminosäuren, die die Bausteine des Körpers darstellen. Von den 20 Aminosäuren sind einige essenziell, d. h., der Körper kann sie nicht selbst herstellen und muss sie über die Nahrung aufnehmen.

Warum sind Proteine wichtig?

Aufbau und Reparatur von Gewebe:

- Proteine sind notwendig für den Aufbau und die Reparatur von Geweben wie Muskeln, Haut, Haaren und Nägeln.
- Sie spielen eine Schlüsselrolle bei der Heilung von Verletzungen und der Regeneration nach körperlicher Anstrengung.

Muskelaufbau und -erhalt:

- Proteine sind entscheidend für den Aufbau und den Erhalt von Muskelmasse. Besonders bei körperlicher Aktivität, Alterung oder Diäten hilft eine ausreichende Proteinzufuhr, Muskelschwund zu verhindern.

Enzyme und Hormone:

- Viele Enzyme, die chemische Reaktionen im Körper ermöglichen, bestehen aus Proteinen.
- Auch Hormone wie Insulin und Glukagon, die den Blutzucker regulieren, basieren auf Proteinen.

Immunsystem stärken:

- Antikörper, die der Körper zur Abwehr von Infektionen produziert, bestehen aus Proteinen.
- Eine ausreichende Proteinzufuhr unterstützt ein starkes Immunsystem.

Transport und Speicherung von Molekülen:

- Proteine wie Hämoglobin transportieren Sauerstoff im Blut, und andere Proteine helfen, Nährstoffe in den Zellen zu speichern oder durch den Körper zu bewegen.

Energiequelle:

- In Zeiten eines Kaloriendefizits oder bei fehlenden Kohlenhydraten und Fetten kann der Körper Proteine als Energiequelle nutzen. Allerdings sollte dies nur eine Notfallstrategie sein, da Proteine primär für andere Funktionen benötigt werden.

Sättigung und Gewichtskontrolle:

- Proteine fördern die Sättigung stärker als Kohlenhydrate oder Fette und helfen, den Appetit zu kontrollieren. Sie sind ein wichtiger Faktor bei der Gewichtsregulierung.

Haut, Haare und Nägel:

- Kollagen, Keratin und Elastin sind proteinhaltige Strukturen, die Haut, Haare und Nägel gesund und stark halten.

Erhalt der Knochengesundheit:

- Proteine tragen indirekt zur Knochendichte bei, da sie die Muskelmasse fördern und so die Knochen stärker belasten, was die Knochengesundheit unterstützt.

Empfohlene Menge

Die empfohlene Proteinzufuhr variiert je nach Alter, Geschlecht, Aktivitätslevel und Gesundheitszustand:

- Erwachsene: etwa 0,8 g Protein pro Kilogramm Körpergewicht pro Tag.
- Sportler und aktive Menschen: 1,2–2,0 g pro Kilogramm Körpergewicht.
- Ältere Menschen: oft mehr als 1,0 g pro Kilogramm, um den Muskelabbau zu verhindern.

Proteinquellen

- Tierisch: Fleisch, Fisch, Eier, Milchprodukte.
- Pflanzlich: Hülsenfrüchte (z. B. Linsen, Bohnen), Tofu, Tempeh, Quinoa, Nüsse, Samen.

Fazit

Proteine sind unverzichtbar für fast alle Körperfunktionen, vom Gewebeaufbau bis zur Immunabwehr. Eine ausgewogene Zufuhr über hochwertige, abwechslungsreiche Quellen ist essenziell, um Gesundheit, Leistungsfähigkeit und Wohlbefinden zu fördern.

Einfaches proteinreiches Frühstück: Skyr mit Nüssen und Beeren

Zutaten

- 200 g Skyr (Natur): ~20 g Protein
- 1 Handvoll gemischte Nüsse (30 g): ~5 g Protein
- 50 g Beeren (z. B. Heidelbeeren oder Himbeeren): ~1 g Protein
- 1 TL Honig oder Ahornsirup (optional)

Zubereitung

- Den Skyr in eine Schale geben.
- Nüsse und Beeren darüber verteilen.
- Optional mit Honig oder Ahornsirup süßen.

Proteinmenge: Ca. 26 g

Zeitaufwand: 2–3 Minuten

Diese Kombination liefert hochwertiges Protein für Muskeln, gesunde Fette für das Herz und Gehirn, sowie Antioxidantien und Ballaststoffe für Zellschutz und Verdauung. Skyr stärkt Knochen und Darmflora, Nüsse liefern wertvolle Omega-3-Fettsäuren, Beeren schützen mit Vitaminen und sekundären Pflanzenstoffen, während Honig/Ahornsirup als natürliche Energiequelle dient. Ideal für langanhaltende Energie und Wohlbefinden!

Einfaches proteinreiches Mittagessen: Quinoa-Bowl mit Hähnchen und Gemüse

Zutaten

- 100 g Quinoa (gekocht): ~4 g Protein
- 150 g Hähnchenbrust (gegrillt oder gebraten): ~31 g Protein
- 1 Handvoll Gemüse nach Wahl (z. B. Brokkoli, Paprika, Tomaten): ~2 g Protein
- 1 TL Olivenöl
- Gewürze nach Geschmack (z. B. Paprika, Pfeffer, Salz)

Zubereitung

- Quinoa nach Packungsanweisung kochen.
- Das Hähnchenbrustfilet würzen und in einer Pfanne mit etwas Olivenöl anbraten.
- Gemüse klein schneiden und in der gleichen Pfanne leicht anbraten oder dämpfen.
- Alles in eine Schüssel geben und mit etwas Olivenöl beträufeln.

Proteinmenge: Ca. 37 g

Zeitaufwand: 15–20 Minuten

Warum diese Rezepte?

- Beide Gerichte sind super einfach, schnell und benötigen wenige Zutaten.
- Du deckst den Großteil deines Proteinbedarfs ab, ergänzt durch Ballaststoffe und gesunde Fette.
- Sie sind flexibel: Die Zutaten lassen sich leicht austauschen (z. B. durch vegane Alternativen wie Tofu oder Kichererbsen).

Ballaststoffe

Was sind Ballaststoffe?

Ballaststoffe sind unverdauliche Bestandteile pflanzlicher Lebensmittel, die größtenteils aus komplexen Kohlenhydraten bestehen. Der Körper kann sie nicht vollständig verdauen oder in Energie umwandeln, dennoch sind sie essenziell für die Gesundheit, insbesondere für das Verdauungssystem. Ballaststoffe sind essenzielle Nährstoffe, die eine zentrale Rolle für die Verdauung und die allgemeine Gesundheit spielen. Sie fördern eine gesunde Darmflora, indem sie als Nahrung für gute Bakterien dienen und die Darmbewegung anregen. Zudem sorgen sie für ein langanhaltendes Sättigungsgefühl, was beim Gewichtsmanagement hilft.

Es gibt zwei Haupttypen von Ballaststoffen:

Lösliche Ballaststoffe:

- Sie lösen sich in Wasser und bilden eine gelartige Substanz.
- Beispiele: Pektin, Inulin.
- Quellen: Hafer, Äpfel, Karotten, Hülsenfrüchte.

Unlösliche Ballaststoffe:

- Sie binden Wasser, bleiben jedoch weitgehend intakt.
- Beispiele: Cellulose, Lignin.
- Quellen: Vollkornprodukte, Nüsse, Gemüse.

Wofür sind Ballaststoffe gut?

Fördern die Verdauung:

Unlösliche Ballaststoffe erhöhen das Stuhlvolumen und fördern eine regelmäßige Darmbewegung, was Verstopfung vorbeugt.

Unterstützen die Darmflora:

Lösliche Ballaststoffe dienen als Nahrung für die "guten" Darmbakterien und fördern so eine gesunde Darmflora.

Regulieren den Blutzuckerspiegel:

Lösliche Ballaststoffe verlangsamen die Aufnahme von Zucker ins Blut, was Schwankungen im Blutzuckerspiegel minimiert und Diabetesrisiken senkt.

Cholesterinsenkung:

Einige lösliche Ballaststoffe binden Cholesterin im Darm und helfen, den LDL-Cholesterinspiegel zu senken.

Fördern das Sättigungsgefühl:

Ballaststoffe erhöhen das Volumen der Nahrung ohne zusätzliche Kalorien, was das Sättigungsgefühl verlängert und bei der Gewichtskontrolle hilft.

Reduzieren das Risiko von Krankheiten:

Eine ballaststoffreiche Ernährung wird mit einem geringeren Risiko für Herz-Kreislauf-Erkrankungen, Darmkrebs und Übergewicht in Verbindung gebracht.

In welchen Nahrungsmitteln sind Ballaststoffe enthalten?

Lösliche Ballaststoffe:

- Obst: Äpfel, Birnen, Orangen, Beeren.
- Gemüse: Karotten, Süßkartoffeln, Kürbis.
- Hülsenfrüchte: Linsen, Erbsen, Kichererbsen.
- Getreide: Hafer, Gerste, Leinsamen.

Unlösliche Ballaststoffe:

- Vollkornprodukte: Vollkornbrot, brauner Reis, Quinoa.
- Gemüse: Brokkoli, Blumenkohl, Zucchini.
- Nüsse und Samen: Mandeln, Sonnenblumenkerne.
- Hülsenfrüchte: Bohnen, Sojabohnen.

Ballaststoffreiche Superfoods:

- Chiasamen: ca. 34 g Ballaststoffe pro 100 g.
- Flohsamenschalen: sehr ballaststoffreich, ideal für die Verdauung.
- Leinsamen: reich an unlöslichen Ballaststoffen und Omega-3-Fettsäuren.

Empfohlene Tagesmenge

- Erwachsene sollten 25–30 g Ballaststoffe pro Tag zu sich nehmen.
- Die meisten Menschen nehmen deutlich weniger Ballaststoffe auf (ca. 15 g/Tag).

Tipps für eine ballaststoffreiche Ernährung

- Frühstück: Haferflocken mit Obst und Leinsamen.
- Snacks: Rohe Gemüse-Sticks, Nüsse oder Obst.
- Hauptmahlzeiten: Vollkornprodukte und Hülsenfrüchte einbauen.
- Flüssigkeit nicht vergessen: Ballaststoffe benötigen ausreichend Wasser, um ihre Wirkung zu entfalten.

Fazit

Ballaststoffe sind essenziell für die Darmgesundheit und tragen zur Prävention vieler Krankheiten bei. Eine abwechslungsreiche Ernährung mit Obst, Gemüse, Vollkornprodukten und Hülsenfrüchten sichert die Zufuhr.

Kräuter/Gewürze

Warum sind Kräuter und Gewürze wichtig?

Kräuter und Gewürze verleihen Speisen nicht nur Geschmack, sondern sind auch reich an bioaktiven Verbindungen, die zahlreiche gesundheitliche Vorteile bieten. Sie enthalten Antioxidantien, entzündungshemmende Stoffe und sekundäre Pflanzenstoffe, die das Immunsystem stärken, die Verdauung fördern und chronischen Krankheiten vorbeugen können.

Die besten Kräuter und Gewürze und ihre Vorteile

Kurkuma

- Eigenschaften: Entzündungshemmend, antioxidativ, gut für Gelenke und Verdauung.
- Tipp: Mit schwarzem Pfeffer kombinieren, um die Wirkung zu verstärken.

Ingwer

- Eigenschaften: Unterstützt die Verdauung, lindert Übelkeit und wirkt entzündungshemmend.
- Tipp: Frisch im Tee oder als Gewürz verwenden.

Rosmarin

- Eigenschaften: Antioxidativ, gut für die Durchblutung und Konzentration.
- Tipp: Passt hervorragend zu Fleisch- und Kartoffelgerichten.

Basilikum

- Eigenschaften: Antibakteriell, beruhigend für den Magen.
- Tipp: Frisch als Garnitur oder im Pesto.

Zimt

- Eigenschaften: Reguliert den Blutzuckerspiegel, antioxidativ, entzündungshemmend.
- Tipp: In Smoothies, Gebäck oder auf Obst streuen.

Petersilie

- Eigenschaften: Reich an Vitamin C, Eisen und Antioxidantien.
- Tipp: Frisch gehackt als Garnitur verwenden.

Knoblauch

- Eigenschaften: Antibakteriell, unterstützt das Herz-Kreislauf-System.
- Tipp: Frisch zerdrückt verwenden, um die aktiven Wirkstoffe zu erhalten.

Thymian

- Eigenschaften: Antiseptisch, gut für die Atemwege und die Verdauung.
- Tipp: Ideal für Suppen, Eintöpfe oder Tee.

Koriander

- Eigenschaften: Unterstützt die Entgiftung, fördert die Verdauung.
- Tipp: Samen und frische Blätter vielseitig einsetzbar.

Oregano

- Eigenschaften: Antibakteriell, antiviral, gut für die Atemwege.
- Tipp: Frisch oder getrocknet in mediterranen Gerichten.

Warum in die Ernährung integrieren?

- Sie ersetzen ungesunde Zusätze wie Salz und Zucker.
- Fördern Gesundheit auf natürliche Weise.
- Einfach und vielseitig einsetzbar, sowohl frisch als auch getrocknet.

Kräuter und Gewürze sind kleine Kraftpakete, die jede Mahlzeit aufwerten und zur Gesundheit beitragen können.

Chlorophyll

Was ist Chlorophyll?

Chlorophyll ist der grüne Farbstoff in Pflanzen, der für die Photosynthese verantwortlich ist – den Prozess, bei dem Pflanzen Lichtenergie in chemische Energie umwandeln. Chlorophyll ist nicht nur für Pflanzen wichtig, sondern auch für den menschlichen Körper, wenn es in die Ernährung integriert wird. Es unterstützt die Entgiftung, indem es Schadstoffe und Schwermetalle bindet und deren Ausscheidung fördert. Zudem wirkt es antioxidativ und entzündungshemmend, was das Immunsystem stärkt und Zellschäden vorbeugt. Chlorophyll verbessert die Sauerstoffversorgung im Blut, fördert die Bildung roter Blutkörperchen und kann so die Energie und Ausdauer steigern.

Wirkung von Chlorophyll auf den Körper

Entgiftung:

Chlorophyll unterstützt die Entgiftung des Körpers, indem es dabei hilft, Toxine und Schwermetalle zu binden und aus dem Körper auszuscheiden. Dies kann insbesondere durch den Leber- und Nierenstoffwechsel erfolgen.

Fördert die Blutzirkulation:

Es ähnelt im Aufbau dem Hämoglobin, dem roten Blutfarbstoff, und kann helfen, den Sauerstofftransport im Körper zu verbessern. Dies könnte zu einer besseren Blutzirkulation und Energieversorgung der Zellen führen.

Antioxidative Wirkung:

Chlorophyll hat antioxidative Eigenschaften, die helfen, freie Radikale zu neutralisieren und Zellschäden zu verhindern. Dies unterstützt die Bekämpfung von Entzündungen und trägt zum Schutz vor chronischen Krankheiten bei.

Fördert die Verdauung:

Chlorophyll kann die Verdauungsgesundheit fördern, indem es den Darm beruhigt und hilft, das Wachstum von gesunden Bakterien im Verdauungstrakt zu unterstützen. Es kann auch bei der Linderung von Blähungen und anderen Verdauungsproblemen hilfreich sein.

Alkalische Wirkung auf den Körper

Chlorophyll hat eine alkalische Wirkung auf den Körper und hilft, den Säure-Basen-Haushalt im Körper zu regulieren. Ein ausgeglichener pH-Wert ist wichtig für die allgemeine Gesundheit und das Wohlbefinden.

Unterstützt das Immunsystem:

Durch seine antioxidativen Eigenschaften und die Unterstützung bei der Entgiftung kann Chlorophyll das Immunsystem stärken und so die Abwehrkräfte des Körpers verbessern.

Wundheilung:

Chlorophyll wird manchmal auch äußerlich verwendet, um die Heilung von Wunden und Hautirritationen zu fördern, da es entzündungshemmende und antibakterielle Eigenschaften hat.

Quellen von Chlorophyll

Chlorophyll ist in grünen Pflanzen und pflanzlichen Lebensmitteln enthalten. Zu den besten Quellen gehören:

- **Grünes Blattgemüse** wie Spinat, Grünkohl, Mangold, Löwenzahn und Petersilie.
- **Algen** wie Spirulina und Chlorella.
- Grüner Tee.
- **Weizengras** und **Gerstengras**.

Chlorophyll als Nahrungsergänzung

Chlorophyll ist auch als Nahrungsergänzung in flüssiger Form oder in Tabletten erhältlich. Viele Menschen nehmen Chlorophyll zur Entgiftung oder zur Verbesserung ihrer allgemeinen Gesundheit ein.

Zusammenfassung

Chlorophyll wirkt als Entgifter, Antioxidans und fördert die Verdauung und Blutzirkulation. Es ist ein starkes pflanzliches Nahrungsergänzungsmittel, das eine Vielzahl von positiven Auswirkungen auf die Gesundheit hat.

Um den Tagesbedarf an Chlorophyll mit einem leckeren Smoothie zu decken, kannst du Zutaten wählen, die besonders reich an Chlorophyll sind. Hier ist ein einfaches und nährstoffreiches Rezept:

Chlorophyll-Smoothie

Zutaten

- 1 TL Grünkohl (oder Spinat): Diese grünen Blattge-müse sind sehr chlorophyllreich.

- 4 EL Weizengrassaft (oder 1-2 TL Weizengraspulver): Weizengras ist eine hervorragende Quelle für Chloro-phyll.

- 1 EL Petersilie (frisch): Petersilie enthält ebenfalls viel Chlorophyll.

- 1/3 Gurke: Gurke trägt zur Flüssigkeitszufuhr bei und unterstützt den Smoothie in seiner Frische.

- 1 TL Spirulina-Pulver (optional): Spirulina ist eine Alge, die besonders viel Chlorophyll enthält und oft in grünen Smoothies verwendet wird. Wichtig ist auf die Qualität zu achten.

- 1/2 Zitrone (Saft): Der Zitronensaft sorgt für eine angenehme Säure und fördert die Verdauung.
- 1 TL Ingwer (frisch gerieben oder Pulver): Ingwer hat entzündungshemmende Eigenschaften und gibt dem Smoothie eine angenehme Schärfe.
- 1 Tasse Kokoswasser (oder normales Wasser): Für die Flüssigkeit und eine erfrischende Basis.
- 1-2 Teelöffel Honig (optional): Für eine natürliche Süße, je nach Geschmack.

Zubereitung

- Alle Zutaten in einen Mixer geben.
- So viel Kokoswasser (oder Wasser) hinzufügen, bis die gewünschte Konsistenz erreicht ist.
- Alles gut mixen, bis der Smoothie cremig und gleichmäßig ist.
- In ein Glas füllen und sofort genießen!

Warum dieser Smoothie den Tagesbedarf an Chlorophyll deckt

Grünkohl und Spinat:

Beide sind ausgezeichnete Quellen für Chlorophyll und tragen erheblich zur Deckung des Bedarfs bei.

Weizengras und Spirulina:

Diese Algenarten und Gräser enthalten besonders hohe Mengen an Chlorophyll, oft in konzentrierter Form.

Petersilie:

Dieses oft unterschätzte Kraut ist auch sehr reich an Chlorophyll und unterstützt zusätzlich das Immunsystem.

Gurke und Zitronensaft:

Sie verbessern die Verdauung und tragen zu einem ausgewogenen pH-Wert bei, was die Wirkung des Chlorophylls unterstützt.

Nährstoffvorteile

Chlorophyll:

Fördert die Entgiftung, stärkt das Immunsystem und unterstützt eine gute Verdauung.

Ingwer:

Hat entzündungshemmende und verdauungsfördernde Eigenschaften.

Zitrone:

Hilft, den Körper zu entschlacken und den pH-Wert zu balancieren.

Petersilie und Grünkohl:

Beide sind reich an Vitaminen (z. B. Vitamin C, K, A) und Mineralstoffen (z. B. Eisen, Kalzium).

Dieser Smoothie ist eine großartige Möglichkeit, den Körper mit Chlorophyll zu versorgen, während du gleichzeitig viele andere gesunde Nährstoffe aufnimmst

Obst und Gemüse

Warum sind Obst und Gemüse wichtig?

Obst und Gemüse sind wesentliche Bestandteile einer gesunden Ernährung und bieten eine Vielzahl von Vorteilen für den Körper. Sie sind reich an Nährstoffen wie Vitaminen, Mineralstoffen, Ballaststoffen und sekundären Pflanzenstoffen, die zur Förderung der allgemeinen Gesundheit beitragen. Hier sind einige Gründe, warum Obst und Gemüse so wichtig sind:

Reich an Nährstoffen:

Obst und Gemüse liefern essenzielle Nährstoffe wie Vitamin C, A, K, Folsäure, Kalium und Magnesium. Diese Vitamine und Mineralstoffe sind für das Immunsystem, die Hautgesundheit, die Knochengesundheit und viele andere Körperfunktionen entscheidend.

Antioxidative Wirkung:

Viele Obst- und Gemüsesorten enthalten Antioxidantien, die helfen, freie Radikale zu neutralisieren und so Zellschäden zu verhindern. Dies trägt zur Vorbeugung von chronischen Erkrankungen wie Herz-Kreislauf-Erkrankungen, Krebs und Diabetes bei.

Ballaststoffe:

Obst und Gemüse sind reich an Ballaststoffen, die die Verdauung unterstützen, das Sättigungsgefühl fördern und helfen, den Blutzuckerspiegel zu regulieren. Ballaststoffe sind auch wichtig für die Gesundheit des Darms und tragen zur Reduzierung des Risikos von Darmkrebs bei.

Gewichtsmanagement:

Obst und Gemüse sind kalorienarm, aber nährstoffreich. Sie enthalten viel Wasser und Ballaststoffe, was hilft, den Hunger zu stillen, ohne viele Kalorien zuzuführen, was die Gewichtskontrolle unterstützt.

Hydratation:

Viele Obst- und Gemüsesorten wie Gurken, Wassermelonen und Orangen bestehen zu einem großen Teil aus Wasser und tragen so zur Hydratation des Körpers bei.

Was sind Superfoods?

Superfoods sind Lebensmittel, die besonders nährstoffreich sind und potenziell gesundheitliche Vorteile bieten. Diese Lebensmittel sind oft reich an Vitaminen, Mineralstoffen, Antioxidantien und anderen bioaktiven Verbindungen, die die Gesundheit unterstützen und das Risiko von Krankheiten verringern können. Sie sind in der Regel unverarbeitet und kommen oft in ihrer natürlichen Form.

Beispiele für Superfoods aus Obst und Gemüse

Blaubeeren/wilde Heidelbeeren:

- **Eigenschaften**: Sehr reich an Antioxidantien, insbesondere Anthocyanen, die entzündungshemmend wirken und das Risiko von Herzerkrankungen senken können.
- **Vorteile**: Unterstützen die Gehirngesundheit, verbessern die Haut und schützen vor oxidativem Stress.

Spinat:

- **Eigenschaften**: Reich an Vitaminen (A, C, K), Eisen und Folsäure.
- **Vorteile**: Fördert die Hautgesundheit, unterstützt das Immunsystem und ist gut für die Augen.

Grünkohl:

- **Eigenschaften**: Extrem nährstoffreich, enthält hohe Mengen an Vitamin K, C, A, Folsäure und Kalzium. Auch reich an Antioxidantien wie Quercetin.
- **Vorteile**: Unterstützt das Immunsystem, fördert die Knochengesundheit und hilft bei der Entgiftung des Körpers.

Avocado:

- **Eigenschaften**: Enthält gesunde ungesättigte Fettsäuren, Ballaststoffe, Vitamine (K, E, C, B6) und Mineralstoffe wie Kalium.
- **Vorteile**: Fördert die Herzgesundheit, unterstützt die Haut und reguliert den Blutzuckerspiegel.

Karotten:

- **Eigenschaften**: Reich an Beta-Carotin, das im Körper zu Vitamin A umgewandelt wird.
- **Vorteile**: Fördert die Gesundheit der Augen, hat entzündungshemmende Eigenschaften und unterstützt das Immunsystem.

Chiasamen:

- **Eigenschaften**: Sehr ballaststoffreich, enthält Omega-3-Fettsäuren, Protein und Antioxidantien.
- **Vorteile**: Unterstützt die Verdauung, hilft beim Gewichtsmanagement und schützt das Herz.

Rote Beete:

- **Eigenschaften**: Reich an Nitrat, Antioxidantien und Folat.
- **Vorteile**: Fördert die Durchblutung, unterstützt die Lebergesundheit und hat entzündungshemmende Eigenschaften.

Gerstengras:

- **Eigenschaften**: Voller Chlorophyll, Antioxidantien, Aminosäuren und Vitaminen.
- **Vorteile**: Entgiftet den Körper, stärkt das Immunsystem und fördert die Verdauung.

Warum sind Superfoods besonders wichtig?

Superfoods bieten eine hohe Nährstoffdichte, was bedeutet, dass sie eine große Menge an Vitaminen, Mineralstoffen und Antioxidantien in relativ kleinen Portionen liefern. Diese Lebensmittel können helfen, den Körper mit wichtigen Nährstoffen zu versorgen, die oft in der modernen Ernährung fehlen, und sie spielen eine entscheidende Rolle bei der Prävention von Krankheiten und der Förderung der allgemeinen Gesundheit.

Fazit

Obst und Gemüse sind unverzichtbar für eine gesunde Ernährung, da sie den Körper mit wichtigen Nährstoffen versorgen. Superfoods aus Obst und Gemüse, wie Blaubeeren, Spinat und Grünkohl, sind besonders wertvoll, da sie eine hohe Konzentration an Vitaminen, Mineralstoffen und Antioxidantien bieten. Indem man regelmäßig Superfoods in die Ernährung integriert, kann man die Gesundheit unterstützen und das Risiko von chronischen Krankheiten verringern. Wichtig ist hier wieder eine gründliche Reinigung mit Natronwasser. 1 TL Natron in eine Schüssel mit Wasser geben und 15 min einweichen, damit alle Schadstoffe und Pestizide abgewaschen werden.

Schutzmaßnahmen vor Umweltgiften und Strahlungen

Zeolith wie schützt es dich

Wirkung gegen Schadstoffe:

- Entgiftung des Körpers: Zeolith ist ein mineralisches Silikat mit einer schwammähnlichen Struktur, die Schadstoffe wie Schwermetalle (z. B. Quecksilber, Blei) und Toxine binden kann. Durch seine hohe Kationen-Austauschkapazität zieht es diese Stoffe wie ein Magnet an und scheidet sie sicher über den Darm aus, ohne den Körper zu belasten.

- Förderung der Darmgesundheit: Es unterstützt die Darmflora, indem es schädliche Stoffe entfernt und den pH-Wert im Verdauungstrakt stabilisiert.

- Neutralisation von freien Radikalen: Zeolith wirkt anti-oxidativ und schützt Zellen vor oxidativem Stress, der durch Schadstoffe entstehen kann.

Schutz vor Elektrosmog:

- Neutralisierung von elektromagnetischen Feldern (EMF): Zeolith kann überschüssige positive Ionen, die durch Elektrosmog freigesetzt werden, aufnehmen und neutralisieren. Es wirkt wie ein "Erdungselement", das den Körper vor elektromagnetischer Belastung schützt.
- Unterstützung der Zellregeneration: Elektrosmog kann oxidativen Stress fördern, der die Zellen schädigt. Zeolith hilft, diese Schäden zu minimieren, indem es freie Radikale bindet und ausscheidet.

Anwendung:

Innerlich:

Als Pulver oder Kapseln zur Entgiftung und Stärkung der Abwehr gegen Schadstoffe. Hier wird oft von einer Menge zwischen 2-5 g 1 Stunde vor einer Mahlzeit oder Medikamenteneinnahme gesprochen.

Äußerlich:

Zeolith-Produkte (wie Masken) werden genutzt, um die Haut zu entgiften und elektromagnetische Belastungen zu reduzieren.

Fazit

Zeolith ist ein vielseitiges Naturprodukt, das den Körper von
Schadstoffen befreit und Schutz vor den schädlichen Auswirkungen von Elektrosmog bieten kann. Es fördert Entgiftung,
Zellschutz und eine bessere Regeneration. Die Anwendung
von Zeolithen sollte jedoch auch mit einem erfahrenen Arzt
besprochen werden, da Zeolith auch auf die Wirkung von Medikamenten Einfluss nehmen kann. Meine Erfahrung ist bisher sehr gut. Ich fühle mich leichter, aktiver und allgemein
gesünder. Ich nehme 2-3 gr. am Morgen auf nüchternen Magen und warte mit meiner ersten Mahlzeit bis zu 2 Stunden.
Es überwindet die Hirn-Blut-Schranke und kann somit auch
Brain Fock und die Zirbeldrüse entgiften. Dadurch konnte ich
bisher auch feststellen, dass ich mutiger und kreativer gewor-
den bin. Man trinkt ja ein Stück von der Erde, was auch das
Gefühl der Erdung bewirken kann.

Shungit was kann dieser Stein/Stoff

Schungit ist ein natürliches Mineral, das aus Kohlenstoff besteht und eine seltene Form von Molekülen namens Fullerene enthält. Es wird seit Jahrhunderten für seine reinigenden und schützenden Eigenschaften geschätzt.

Schutz vor Elektrosmog

Absorption und Abschirmung von Strahlung:

Schungit hat die Fähigkeit, elektromagnetische Felder (EMF) zu absorbieren und abzuleiten. Seine spezielle molekulare Struktur (Fullerene) macht es besonders wirksam bei der Reduzierung von EMF-Belastung, die durch Geräte wie WLAN-Router, Mobiltelefone und Mikrowellen verursacht wird.

Neutralisierung schädlicher Frequenzen:

Es wird angenommen, dass Schungit die Auswirkungen von hochfrequenten Wellen auf den menschlichen Körper harmonisiert, indem es die Strahlung auf ein verträglicheres Niveau bringt.

Erdende Wirkung:

Schungit wirkt energetisch ausgleichend und kann dazu beitragen, den Körper vor den biologischen Auswirkungen elektromagnetischer Felder zu schützen.

Schutz vor Umweltbelastungen

Wasserreinigung:

Schungit wird oft verwendet, um Wasser von Schwermetallen, Bakterien und organischen Schadstoffen zu reinigen. Es kann schädliche Substanzen binden und das Wasser mit Spurenelementen anreichern.

Entgiftung des Körpers:

Indirekt kann Schungit helfen, Umweltgifte zu reduzieren, wenn man es in gereinigtem Wasser verwendet. Dies unterstützt die natürlichen Entgiftungsprozesse des Körpers.

Luftqualität:

Schungitsteine in Wohnräumen können helfen, die Luft von negativen energetischen Einflüssen zu "reinigen" und eine harmonische Atmosphäre zu schaffen.

Anwendung von Schungit

Am Körper tragen:

Schmuckstücke wie Anhänger, Armbänder oder Steine in der Tasche tragen, um den Schutz vor EMF zu erhöhen.

Wasseraufbereitung:

Schungit-Steine in Wasser einlegen, um Schadstoffe zu binden und das Wasser mit nützlichen Mineralien anzureichern.

Im Wohnbereich:

Schungit-Pyramiden oder -Platten in der Nähe von elektronischen Geräten platzieren, um Elektrosmog zu reduzieren.

Wissenschaftliche Perspektive

Obwohl Schungit traditionell und in der Alternativmedizin geschätzt wird, sind die wissenschaftlichen Studien zu seinen spezifischen Wirkungen auf Elektrosmog begrenzt. Dennoch deuten die Eigenschaften seiner Moleküle (Fullerene) darauf hin, dass es antioxidative und energetische Vorteile bieten kann.

Fazit

Schungit kann durch seine einzigartigen Eigenschaften Schutz vor Elektrosmog und Umweltbelastungen bieten. Es harmonisiert energetische Felder, reinigt Wasser und wirkt entgiftend. In Kombination mit anderen Schutzmaßnahmen kann es eine wertvolle Unterstützung in einer belasteten Umgebung sein. Meine Erfahrungen mit dem Schungit sind in vielfältiger Weise positiv. Ich trage ein Kettenanhänger, habe Einlegesohlen aus Schungit und auf mein Handy ein Shungitaufkleber und noch zwei weitere Edelschungite für die Wasseraufbereitung. Edelshungit hat eine stärkere Wirkung, da er unbehandelt ist und eine glänzende Oberfläche als Erkennungsmerkmal besitzt. Schungit nutzt sich nicht ab und ist für immer haltbar, was eine Investition sicherlich attraktiv macht. Es wurde gezeigt, das gewisse Frequenzen oder

Elektrosmog sich schädlich auf unseren Körper auswirken. Der Schungit gibt mir hier ein gutes Gefühl mich davor zu schützen. Bei der Wasseraufbereitung konnte ich eine Mineralisierung regelrecht beobachten. Es entstehen dabei um den Stein viele kleine Bläschen, die ins Wasser hochsteigen. Die **Zirbeldrüse** ist eine kleine endokrine Drüse im Gehirn, die für die Regulierung des Schlaf-Wach-Rhythmus (Melatoninproduktion) und möglicherweise für spirituelle und meditative Prozesse verantwortlich ist. Umweltbelastungen wie Toxine, Schwermetalle (insbesondere Fluorid), elektromagnetische Felder (EMF) und oxidativer Stress können die Zirbeldrüse beeinträchtigen. Ich konnte auch hier eine Art befreiende Wirkung erspüren. Die Träume wurden wesentlich intensiver und nach und nach auch schöner als vorher. Mit einem EMF-Tester konnte ich auch die neutralisierende Wirkung des Schungits auf elektromagnetische und Frequenz-Felder beobachten.

Keramikfaser/Infrarot und seine Eigenschaften

Keramikfasern, insbesondere sogenannte biokeramische Materialien, werden in der Alternativmedizin und Technologie häufig wegen ihrer besonderen physikalischen Eigenschaften genutzt. Sie wirken durch die Emission von Infrarotstrahlen (FIR), die Absorption bestimmter Frequenzen und ihre energetischen Effekte. Im Zusammenhang mit Elektrosmog und Umweltgiften können sie folgende Wirkungen haben:

Schutz vor Elektrosmog

Absorption und Reflexion elektromagnetischer Strahlung (EMF):

Bestimmte Keramikfasern, wie sie in Schutzgeweben oder -materialien verwendet werden, können elektromagnetische Felder teilweise absorbieren oder abschirmen. Dies geschieht durch ihre leitfähigen oder isolierenden Eigenschaften, die die Intensität von EMF reduzieren.

Harmonisierung von Strahlung:

Einige biokeramische Materialien sind so konzipiert, dass sie die negativen Auswirkungen elektromagnetischer Strahlung durch Umwandlung in harmlose Wellenlängen mindern.

Einsatz in Kleidung und Textilien:

Kleidung oder Decken mit eingearbeiteten Keramikfasern können einen Teil des Elektrosmogs blockieren, was sie besonders für Menschen mit Elektrosensibilität interessant macht.

Unterstützung bei Umweltgiften

Verbesserung der Mikrozirkulation:

Die von biokeramischen Fasern abgegebene Ferninfrarotstrahlung (FIR) kann die Durchblutung und den Stoffwechsel fördern, was den Körper bei der Entgiftung unterstützt. Eine bessere Mikrozirkulation hilft, Schadstoffe effizienter aus dem Gewebe zu transportieren.

Entlastung der Zellfunktion:

Durch die Förderung der Durchblutung und des Lymphflusses tragen Keramikfasern indirekt dazu bei, die Zellen von schädlichen Substanzen zu befreien und den Heilungsprozess zu fördern.

Zusätzliche Eigenschaften von Keramikfasern

Wärmeregulierung:

Biokeramische Fasern können Wärme speichern und wieder abgeben. Dies sorgt für eine angenehme Umgebungstemperatur, die das Wohlbefinden steigert und Stress (als indirekte Umweltbelastung) reduziert.

Antibakterielle Wirkung:

Einige Keramikfasern besitzen antibakterielle Eigenschaften, die das Wachstum von Mikroorganismen hemmen können.

Durch das Tragen werden Infrarotwellen in den Körper gesendet, die auch zur Kollagensteigerung bzw. deren Produktion im Körper positiv beeinflussen.

Praktische Anwendungen

Schutzgewebe:

Keramikfasern werden in Schutztextilien, Tapeten oder Vorhängen verwendet, um EMF-Belastung in Wohnräumen zu reduzieren.

Therapeutische Produkte:

Keramikmatten, -decken oder -pflaster werden zur Unterstützung der Durchblutung und Entgiftung eingesetzt.

Kleidung:

In Kleidung können Keramikfasern helfen, die Effekte von Elektrosmog zu minimieren, besonders in der Nähe von Mobilfunkmasten oder WLAN-Routern.

Fazit

Keramikfasern bieten einen effektiven Schutz vor Elektrosmog, indem sie elektromagnetische Strahlen abschirmen oder harmonisieren. Ihre Fähigkeit, die Mikrozirkulation durch Ferninfrarotstrahlung (FIR) zu fördern, kann den Körper bei der Entgiftung von Umweltgiften unterstützen. Der Einsatz solcher Fasern ist besonders sinnvoll für Menschen, die Elektrosensibilität oder eine erhöhte Belastung durch Toxine erleben. Ich trage z.B. eine Mütze aus Keramikfasern beim Arbeiten am Laptop. Die Wärme ist angenehm und eine Überhitzung kann nicht entstehen, da der Stoff Atmungsaktiv ist. Auch die Haltbarkeit ist wie beim Schungit unbegrenzt, wenn man qualitativ hochwertige Keramikfaser kauft. Ich habe mit CeraTex gute Erfahrungen machen können. So konnte ich beim ersten Mal tragen eine deutliche psychische Entlastung bemerken und wurde aktiver. Auch sollen Wunden oder gar Brüche schneller heilen, was auf die Aktivierung der Zellen durch Infrarotwellen zurückzuführen ist. Die Durchblutung wird gesteigert und gleichzeitig ist man geschützt.

Kupferschmuck warum und wie es dich schützt

Kupfer ist ein essenzielles Spurenelement, das eine zentrale Rolle in zahlreichen Körperfunktionen spielt. Es unterstützt die Bildung roter Blutkörperchen und fördert den Sauerstofftransport im Körper. Zudem ist es an der Kollagen- und Elastinproduktion beteiligt. Kupfer wirkt antioxidativ und schützt die Zellen. Kupfer ist ein vielseitiges Metall mit hervorragenden elektrischen, thermischen und chemischen Eigenschaften. In Bezug auf Elektrosmog, Frequenzen und Umweltbelastungen wird Kupfer wegen seiner leitenden und abschirmenden Eigenschaften genutzt. Es hat folgende Wirkungen:

Wirkung von Kupfer auf Elektrosmog

Elektromagnetische Abschirmung:

Kupfer ist ein ausgezeichneter Leiter, der elektromagnetische Wellen (EMF) effektiv abschirmen kann. In Form von Kupfergewebe, Platten oder Gittern wird es häufig verwendet, um elektromagnetische Strahlung zu blockieren oder umzuleiten.

Reflexion von EMF:

Kupfer reflektiert elektromagnetische Strahlung, wodurch es die Belastung durch hochfrequente Strahlung (z. B. von WLAN, 5G oder Mobilfunkmasten) reduzieren kann.

Ableitung von Strahlung:

Kupfer kann elektromagnetische Felder ableiten und so verhindern, dass sie in sensible Bereiche eindringen. In Gebäuden wird Kupfer für Schutzmaßnahmen wie Faraday-Käfige oder leitfähige Netze eingesetzt.

Kupfer und Frequenzen

Neutralisierung von Störfrequenzen:

Kupfer kann helfen, schädliche Frequenzen durch Leitfähigkeit abzuleiten, sodass sie ihre störenden Wirkungen auf biologische Systeme wie das Nervensystem und die Zellkommunikation verlieren.

Einsatz in Erdungssystemen:

Kupfer ist ein wesentlicher Bestandteil von Erdungssystemen, die den Körper mit der natürlichen elektrischen Resonanz der Erde verbinden. Dies kann helfen, überschüssige positive Ionen und elektrische Spannungen, die durch Elektrosmog entstehen, auszugleichen.

Kupfer und Schutz vor Umweltbelastungen

Antimikrobielle Eigenschaften:

Kupfer hat starke antibakterielle, antivirale und antimykotische Eigenschaften. Es kann dazu beitragen, Keime und Schadstoffe in der Umgebungsluft oder auf Oberflächen zu reduzieren.

Reduktion von Oxidation und freien Radikalen:

Kupfer spielt eine Rolle bei der Unterstützung von Enzymen im Körper, die freie Radikale neutralisieren. Dies schützt Zellen vor oxidativem Stress, der durch Umweltgifte entstehen kann.

Wasserreinigung:

Kupfer wird traditionell zur Reinigung von Wasser verwendet, da es Verunreinigungen und pathogene Mikroorganismen eliminieren kann.

Praktische Anwendungen von Kupfer

Kupfergewebe und -textilien:

Schutzkleidung oder Gewebe mit Kupferfasern können elektromagnetische Strahlung abschirmen. Solche Materialien werden auch in Gardinen oder Wandverkleidungen verwendet.

Kupferplatten und -abschirmungen:

In Räumen, die vor EMF geschützt werden sollen (z. B. Büros oder Schlafzimmer), können Kupferplatten als Schicht in Wänden oder Decken eingebaut werden.

Kupfergefäße:

Kupfergefäße werden zur Wasseraufbereitung und zum Trinken verwendet, um Schadstoffe zu reduzieren und das Wasser energetisch zu verbessern.

Vorteile von Kupfer auf den menschlichen Körper

Förderung der Zellgesundheit:

Kupfer ist ein essenzielles Spurenelement, das für die Enzymfunktion, die Produktion von roten Blutkörperchen und den Schutz vor oxidativem Stress notwendig ist.

Ausgleich von Energieflüssen:

In der Energiemedizin wird Kupfer als unterstützend angesehen, um Energieblockaden zu lösen und das energetische Gleichgewicht wiederherzustellen.

Fazit

Kupfer ist ein wirksames Material, um Elektrosmog zu reduzieren und die Belastung durch Frequenzen und Umweltgifte zu minimieren. Es wirkt abschirmend, leitend und entgiftend und ist vielseitig in Schutzmaßnahmen und Gesundheitsanwendungen einsetzbar. Gleichzeitig trägt es durch seine antimikrobiellen Eigenschaften und seine Rolle als essenzielles Spurenelement zur Verbesserung der Umweltqualität und der Gesundheit bei. Ich trage Kupferschmuck und möchte mir für die Zukunft auch ein Koch-Kupfer-Set zulegen. Kupfer ist eines der besten wärmeleitenden Materialien und verteilt die Hitze sehr gleichmäßig über die gesamte Oberfläche. Das minimiert Hotspots und verhindert ein ungleichmäßiges Garen. Kupfer passt sich blitzschnell an, wenn die Temperatur erhöht oder reduziert wird, was besonders bei empfindlichen Speisen wie Saucen, Schokolade oder Fisch wichtig ist. Dank der schnellen Erhitzung spart Kupfer Energie im Vergleich zu Materialien mit schlechterer Leitfähigkeit wie Edelstahl oder Gusseisen.

Kupfer ist von Natur aus antimikrobiell und hemmt das Wachstum von Bakterien und Keimen. Dies trägt zur Hygiene in der Küche bei.

Im Gegensatz zu Antihaftbeschichtungen aus Teflon oder anderen synthetischen Materialien enthalten Kupfertöpfe keine potenziell gesundheitsschädlichen Substanzen. Geringe

Mengen Kupfer, die beim Kochen (besonders in unbeschichteten Töpfen) ins Essen übergehen können, tragen zur Versorgung des Körpers mit diesem lebenswichtigen Spurenelement bei. (Hinweis: Dies sollte in Maßen geschehen, da zu viel Kupfer toxisch wirken kann.) Daher werden viele Kupfertöpfe mit einer Innenbeschichtung aus Edelstahl oder Zinn ausgestattet.

Körpergefühl/Bewusstsein wie aufbauen

Wie baue ich ein gutes Körpergefühl und Bewusstsein auf?

Bewusstsein ist die Fähigkeit, Gedanken, Emotionen, Wahrnehmungen und die eigene Existenz bewusst zu erleben. Es umfasst sowohl das bewusste Erleben des gegenwärtigen Moments als auch die Reflexion über sich selbst und die Umwelt.

Ein gutes Körpergefühl und -bewusstsein zu entwickeln, ist ein Prozess, der Zeit, Geduld und Achtsamkeit erfordert. Es bedeutet, eine tiefere Verbindung zu deinem Körper aufzubauen, seine Signale zu verstehen und ihn bewusst zu pflegen. Hier sind die wichtigsten Ansätze:

Achtsamkeit und Wahrnehmung schulen

Körperwahrnehmung durch Meditation:

Regelmäßige Achtsamkeitsübungen oder Body-Scan-Meditationen helfen dir, die Empfindungen in deinem Körper bewusst wahrzunehmen. Lege dich z. B. hin und spüre nacheinander jede Körperregion, von den Zehen bis zum Kopf.

Bewusstes Atmen:

Konzentriere dich mehrmals am Tag auf deinen Atem. Tiefe, langsame Atemzüge aktivieren das parasympathische Nervensystem und verbessern die Verbindung zwischen Geist und Körper.

Achtsame Bewegung:

Praktiken wie Yoga, Tai-Chi oder Qigong fördern die Achtsamkeit und bringen dich in Einklang mit deinem Körper.

Regelmäßige Bewegung

Vielfalt einbauen:

Unterschiedliche Bewegungsformen wie Krafttraining, Ausdauertraining und Stretching verbessern nicht nur die Fitness, sondern helfen dir, verschiedene Aspekte deines Körpers kennenzulernen.

Körperliche Signale respektieren:

Lerne, auf die Grenzen deines Körpers zu hören – Überlastung vermeiden, aber auch spüren, wann du dich fordern kannst.

Freude an der Bewegung:

Wähle Aktivitäten, die dir Spaß machen, wie Tanzen, Wandern oder Schwimmen, um eine positive Beziehung zur Bewegung aufzubauen.

Ernährung als Grundlage

Bewusstes Essen:

Nimm dir Zeit für deine Mahlzeiten. Koste jeden Bissen, achte auf Geschmack, Textur und Temperatur. Vermeide Ablenkungen wie Fernsehen.

Achte auf Körpersignale:

Höre darauf, wann du wirklich hungrig bist, und erkenne, wann du satt bist. Dein Körper sendet klare Signale, wenn du dich darauf konzentrierst.

Nährstoffreiche Lebensmittel:

Eine ausgewogene Ernährung mit frischem Obst, Gemüse, hochwertigen Fetten, Proteinen und Vollkornprodukten unterstützt das Wohlbefinden.

Selbstreflexion und Emotionen

Emotionen erkennen und verarbeiten:

Ein gutes Körperbewusstsein schließt auch die Fähigkeit ein, emotionale Signale zu deuten, da Emotionen oft im Körper gespürt werden (z. B. ein „Kloß im Hals" bei Traurigkeit).

Tagebuch führen:

Schreibe regelmäßig auf, wie du dich körperlich und emotional fühlst. Dies hilft, Muster und Zusammenhänge zwischen deinem Lebensstil und deinem Wohlbefinden zu erkennen.

Entspannung und Regeneration

Regelmäßige Pausen:

Gönne deinem Körper Zeit zur Erholung, besonders nach intensiven Aktivitäten oder stressigen Phasen.

Schlafhygiene verbessern:

Ein erholsamer Schlaf ist entscheidend für ein gutes Körpergefühl. Halte eine feste Schlafroutine ein und sorge für eine angenehme Schlafumgebung.

Entspannungsmethoden nutzen:

Massagen, Saunabesuche oder Atemübungen können helfen, Verspannungen zu lösen und das Körpergefühl zu stärken.

Natur und Erdung

Aufenthalt in der Natur:

Gehe regelmäßig barfuß auf natürlichen Böden (Erdung), spüre Wind, Sonne und Regen auf deiner Haut. Das verbindet dich mit der Umwelt und stärkt dein Körperbewusstsein.

Naturbeobachtungen einbauen:

Aktivitäten wie Gärtnern oder Spaziergänge in Wäldern fördern die Verbindung zur Umwelt und entschleunigen den Geist.

Positive Selbstwahrnehmung und Akzeptanz

Selbstliebe fördern:

Akzeptiere deinen Körper so, wie er ist, mit all seinen Stärken und Schwächen. Vermeide negative Selbstkritik und fokussiere dich auf deine Fortschritte.

Dich selbst wertschätzen:

Betrachte deinen Körper als dein Zuhause, das dich durchs Leben trägt, und behandle ihn mit Respekt.

Professionelle Unterstützung

Körpertherapie:

Methoden wie Feldenkrais, Alexander-Technik oder Osteopathie helfen, ein tieferes Körperbewusstsein zu entwickeln.

Personal Training:

Ein erfahrener Trainer kann dir beibringen, gezielt an deiner Haltung, Bewegung und Körperwahrnehmung zu arbeiten.

Fazit

Ein gutes Körpergefühl entsteht durch die Kombination aus Achtsamkeit, Bewegung, Ernährung, emotionaler Reflexion und Entspannung. Indem du achtsam und liebevoll mit deinem Körper umgehst, stärkst du nicht nur deine physische Gesundheit, sondern auch dein inneres Gleichgewicht und Wohlbefinden. Aber auch die vorher genannten Hilfsmittel und Methoden dienen als große Unterstützung für ein selbstbestimmtes und gesundes Leben für den Körper den Geist und die Seele.

Frequenzen schädlich vs. Heilend

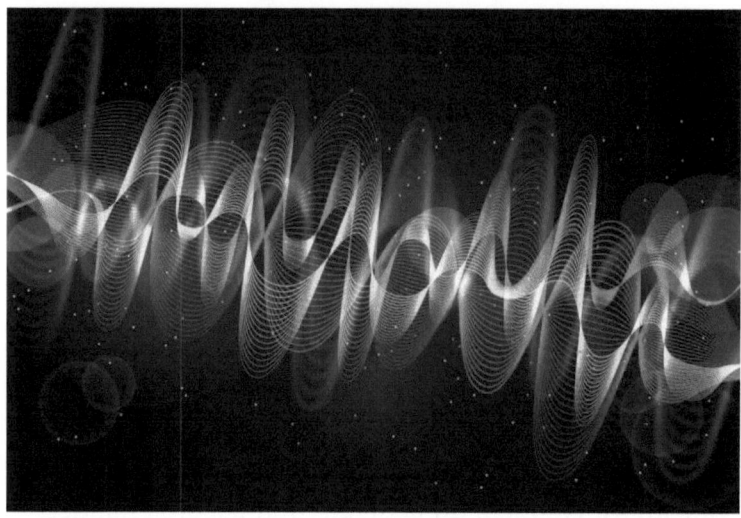

Frequenzen: Schädliche und heilende Wirkungen

Frequenzen sind Schwingungen, die durch elektromagnetische oder akustische Wellen entstehen. Sie umgeben uns überall – von natürlichen Frequenzen (z. B. der Erde) bis hin zu künstlich erzeugten Frequenzen (z. B. WLAN, Mobilfunk). Ihre Wirkung auf den Körper kann sowohl negativ als auch positiv sein, je nach Art, Intensität und Dauer der Einwirkung.

Schädliche Wirkungen von Frequenzen

Elektromagnetische Strahlung (EMF):

Hochfrequenzstrahlung (z. B. Mobilfunk, WLAN, 5G, Mikrowellen):

Langfristige oder intensive Exposition gegenüber hochfrequenten elektromagnetischen Feldern kann den Körper belasten. Mögliche Auswirkungen:

- Schlafstörungen
- Konzentrationsprobleme
- Kopfschmerzen
- Oxidativer Stress und Zellschäden
- Störungen im Hormonhaushalt (z. B. Melatonin)

Niederfrequenzstrahlung (z. B. elektrische Geräte):

Kann das Nervensystem beeinflussen, vor allem bei empfindlichen Personen.

Störende akustische Frequenzen:

Infraschall:

Niederfrequente Schallwellen (z. B. durch Windkraftanlagen) können Unwohlsein, Übelkeit und Kopfschmerzen verursachen.

Lärmfrequenzen:

Anhaltend laute oder unangenehme Geräusche belasten das Nervensystem und können Stress, Schlafstörungen oder Hörschäden hervorrufen.

Künstliche Frequenzen und Stress:

- Elektromagnetische Felder aus technischen Geräten können den natürlichen Biorhythmus stören.
- Chronische Belastung durch EMF kann das Immunsystem schwächen.

Heilende Wirkungen von Frequenzen

Natürliche Frequenzen:

- Schumann-Resonanz (ca. 7,83 Hz): Diese Frequenz entspricht der Grundschwingung der Erde. Sie wirkt beruhigend und harmonisierend auf den Körper, fördert Schlaf und Regeneration.
- Frequenzen in der Natur: Vogelgesang, Wind, Wasserrauschen und andere natürliche Klänge wirken entspannend und können Stress reduzieren.

Therapeutische Frequenzen:

- **Binaurale Beats:** Diese Frequenzen stimulieren das Gehirn, indem sie unterschiedliche Töne in beiden Ohren abspielen. Vorteile:

- Förderung der Entspannung
- Verbesserung der Konzentration
- Unterstützung bei Schlafproblemen
- **Solfeggio-Frequenzen:**
  Heilende Frequenzen, die traditionell zur Harmonisierung des Körpers eingesetzt werden. Beispiele:
- 396 Hz: Befreiung von Angst und Schuld
- 528 Hz: DNA-Reparatur und Zellheilung
- **Ultraschalltherapie:**
  Hochfrequente Schallwellen fördern die Geweberegeneration und Durchblutung.

Musiktherapie:

Musik mit spezifischen Frequenzen oder Klängen (z. B. Klangschalen, Gong) kann eine beruhigende oder energetisierende Wirkung haben.

Pulsierende Magnetfeldtherapie (PEMF):

Niederfrequente elektromagnetische Felder können Zellen energetisch aufladen, die Durchblutung verbessern und Heilungsprozesse unterstützen.

Resonanzfrequenzen des Körpers:

Frequenzen, die mit den natürlichen Schwingungen von Organen oder Zellen übereinstimmen, können deren Heilung und Funktion unterstützen.

Wann sind Frequenzen schädlich und wann heilend?

Schädlich:

- Wenn sie zu hoch oder zu stark sind und den Körper dauerhaft belasten.
- Wenn sie den natürlichen Rhythmus des Körpers stören (z. B. Schlafzyklus, Herzfrequenz).
- Wenn sie Stress, oxidative Schäden oder Zellstörungen verursachen.

Heilend:

- Wenn sie in Harmonie mit den natürlichen Schwingungen des Körpers stehen.
- Wenn sie gezielt für therapeutische Zwecke genutzt werden.
- Wenn sie Stress abbauen, Regeneration fördern oder die Funktion von Zellen und Organen unterstützen.

Schutz vor schädlichen Frequenzen

Erdung:

Barfußgehen auf natürlichem Boden reduziert die Belastung durch künstliche Frequenzen.

Abschirmung:

Abschirmmaterialien (z. B. Kupfer, Schungit, Silber, Keramikfasern) reduzieren Elektrosmog.

Reduktion von EMF:

WLAN nachts ausschalten, Handy nicht am Körper tragen, Strahlung minimieren.

Natürliche Frequenzen fördern:

Zeit in der Natur verbringen, Meditation oder Klangtherapie nutzen.

Fazit

Frequenzen können sowohl schädlich als auch heilend wirken. Der Schlüssel liegt darin, schädliche Belastungen zu minimieren und heilende Frequenzen gezielt für Gesundheit und Wohlbefinden einzusetzen. Ein bewusster Umgang mit Frequenzen unterstützt ein harmonisches Gleichgewicht von Körper, Geist und Umwelt. Es ist auch hier aus meiner Erfahrung wichtig geeignete Schutzmaßnahmen zu integrieren, in einer Zeit, in der der Mensch immer mehr vor elektrischen Geräten sitzt und sich tagtäglich über mehrere Stunden dem schädlichen Frequenzen und Elektrosmog aussetzt.

Warum eine Blaulichtfilter-Brille oder Schutz bei Bildschirmarbeit tragen?

Blaulicht ist ein kurzwelliger Anteil des sichtbaren Lichts im Wellenlängenbereich von etwa 380–500 nm. Es kommt natürlicherweise im Sonnenlicht vor, wird aber auch von künstlichen Lichtquellen wie LEDs, Bildschirmen (Smartphones, Tablets, Computer, Fernseher) und Energiesparlampen ausgestrahlt. Bildschirme (Computer, Smartphones, Tablets) strahlen **blaues Licht** aus, das hochenergetisch ist und sowohl kurz- als auch langfristige Auswirkungen auf die Gesundheit und das Wohlbefinden haben kann. Der Einsatz einer Blaulichtfilter-Brille bietet Schutz vor diesen potenziellen Risiken. Hier sind die wichtigsten Gründe:

Schutz der Augen

Reduzierung von Augenbelastung (Digital Eye Strain):

Längeres Arbeiten vor Bildschirmen kann zu Symptomen wie trockenen, gereizten oder müden Augen führen. Blaues Licht verstärkt diese Belastung, da es schwerer zu fokussieren ist und die Augen stärker beansprucht.

Vorbeugung von Augenerkrankungen:

Chronische Belastung durch blaues Licht wird mit einem erhöhten Risiko für Netzhautschäden (z. B. Makuladegeneration) in Verbindung gebracht.

Förderung eines gesunden Schlafs

Unterdrückung von Melatonin:

Blaues Licht, insbesondere in den Abendstunden, hemmt die Produktion von Melatonin, dem Hormon, das den Schlaf-Wach-Rhythmus reguliert. Das führt zu Schlafproblemen oder schlechter Schlafqualität.

Optimierung des zirkadianen Rhythmus:

Eine Blaulichtfilter-Brille kann helfen, den natürlichen Schlaf-Wach-Rhythmus aufrechtzuerhalten, indem sie den Einfluss des blauen Lichts minimiert.

Verbesserung der Konzentration und Produktivität

Weniger Ermüdung:

Durch den Schutz der Augen kann man länger konzentriert arbeiten, ohne von visueller Ermüdung beeinträchtigt zu werden.

Reduzierung von Kopfschmerzen:

Menschen, die empfindlich auf Licht reagieren, berichten oft von weniger Kopfschmerzen, wenn sie Blaulichtfilter-Brillen tragen.

Schutz vor Langzeitfolgen

Vermeidung von oxidativem Stress:

Blaues Licht kann oxidativen Stress in den Augen verursachen, was zu Zellschäden führt. Eine Filterbrille schützt vor diesen Schäden.

Prävention chronischer Augenprobleme:

Langfristig kann der Schutz vor blauem Licht dazu beitragen, degenerative Augenerkrankungen zu verhindern.

Wann ist eine Blaulichtfilter-Brille besonders sinnvoll?

Bildschirmarbeit

Bei langem Arbeiten am Computer, besonders in schlecht beleuchteten Räumen.

Abends:

Um den Schlaf-Wach-Rhythmus zu schützen, vor allem beim abendlichen Gebrauch von Bildschirmen.

Empfindlichkeit:

Wenn man empfindlich auf Licht reagiert oder oft unter Augenproblemen leidet.

Zusätzliche Maßnahmen zur Entlastung der Augen

Bildschirm-Einstellungen:

Nutze Blaulichtfilter-Modi (z. B. „Nachtmodus") auf Geräten.

Arbeitsplatzgestaltung:

Sorg für ausreichende Beleuchtung und halte den Bildschirm auf Augenhöhe.

20-20-20-Regel:

Alle 20 Minuten für 20 Sekunden auf etwas in 20 Fuß Entfernung (ca. 6 Meter) schauen.

Pausen:

Regelmäßige Pausen verringern die Belastung.

Fazit

Eine Blaulichtfilter-Brille ist ein effektives und einfaches Hilfsmittel, um Augenbelastung, Schlafprobleme und potenzielle Langzeitschäden durch blaues Licht zu minimieren. Sie ist besonders bei intensiver Bildschirmarbeit oder abendlicher Nutzung von Geräten sinnvoll. Kombiniert mit weiteren Maßnahmen, fördert sie die Augengesundheit und das allgemeine Wohlbefinden.

Was uns schadet und wir eigentlich schon wissen

Schädliche Faktoren wie Umweltgifte, ungesunde Ernährung, mangelnde Bewegung und Stress sind bekannt, aber oft ignoriert. Diese tragen zu chronischen Erkrankungen, Entzündungen und einem geschwächten Immunsystem bei.

5G-Strahlen und Elektrosmog

Die Strahlung von Mobilfunknetzen, insbesondere 5G, und elektromagnetische Felder (EMF) werden von einigen Forschern mit negativen Auswirkungen auf den Körper in Verbindung gebracht, wie Schlafstörungen, Kopfschmerzen oder Zellstress. Wissenschaftliche Belege sind jedoch nicht eindeutig, und weitere Forschung ist nötig.

Kurzfristige Auswirkungen

Kopfschmerzen und Müdigkeit:
Einige Menschen berichten von Symptomen wie Kopfschmerzen, Schwindel oder starker Erschöpfung, wenn sie elektromagnetischen Feldern ausgesetzt sind.

Schlafstörungen:
Elektrosmog kann laut Studien den Melatoninspiegel beeinflussen, ein Hormon, das für den Schlaf-Wach-Rhythmus wichtig ist.

Konzentrationsprobleme:

Einige Menschen erleben Konzentrationsschwierigkeiten oder kognitive Beeinträchtigungen, was als „Elektrohypersensibilität" bezeichnet wird.

Langfristige mögliche Auswirkungen

Zellschäden und oxidativer Stress:

Elektromagnetische Strahlung kann laut Labortests freien Radikalen Vorschub leisten, die DNA-Schäden verursachen könnten. Dies könnte langfristig die Entstehung von Krankheiten wie Krebs fördern, obwohl keine endgültigen Beweise vorliegen.

Hormonelle Störungen:

Es wird spekuliert, dass EMF das endokrine System stören und Stresshormone wie Cortisol erhöhen können.

Beeinträchtigung der Zellkommunikation:

Elektromagnetische Felder könnten natürliche bioelektrische Prozesse in Zellen beeinflussen, was zu Störungen bei Heilungs- und Regenerationsprozessen führen könnte.

Erhöhtes Risiko für neurologische Erkrankungen:

Manche Studien deuten darauf hin, dass langjährige Exposition die Entwicklung von neurologischen Erkrankungen wie Alzheimer oder Parkinson fördern könnte.

Kinder und empfindliche Gruppen

Kinder sind möglicherweise empfindlicher gegenüber elektromagnetischer Strahlung, da ihr Nervensystem noch in der Entwicklung ist. Auch Schwangere und ältere Menschen könnten stärker betroffen sein.

Gegenmaßnahmen

Reduktion der Strahlung:

Begrenzen Sie die Nutzung von Mobilgeräten und WLAN, verwenden Sie Flugmodus-Einstellungen, wenn möglich.

Abschirmung:

Schutzprodukte wie EMF-blockierende Stoffe oder Farben können helfen, die Strahlung zu minimieren.

Natur und Erdung:

Aufenthalte in der Natur und „Erdung" (Barfußlaufen auf natürlichem Boden) können das körpereigene Gleichgewicht wiederherstellen.

Abstand:

Halten Sie elektronische Geräte wie Router oder Smartphones von Schlafplätzen fern.

Fazit

Obwohl viele der genannten Wirkungen noch nicht abschließend wissenschaftlich bewiesen sind, ist Vorsicht bei der Exposition gegenüber Elektrosmog eine sinnvolle Strategie, um
mögliche Langzeitrisiken zu minimieren.

Leitungswasser

Leitungswasser kann trotz strenger Regulierungen in vielen Ländern schädliche Substanzen enthalten, die potenziell gesundheitsschädlich sein können. Hohe Nitrat- oder Fluoridwerte sind ebenfalls ein möglicher Risikofaktor, insbesondere für empfindliche Personen. Zudem können alte Rohrleitungen, etwa aus Blei oder Kupfer, die Wasserqualität beeinträchtigen.

Um potenzielle Belastungen zu reduzieren, kann die Nutzung eines hochwertigen Wasserfilters sinnvoll sein. Hier sind einige der häufigsten problematischen Stoffe und ihre möglichen Auswirkungen auf den Körper:

Schwermetalle (z. B. Blei, Kupfer, Cadmium)

Herkunft:

Alte Rohre, Industrieabfälle.

Auswirkungen:

- **Blei**: Neurotoxisch, besonders gefährlich für Kinder; kann die kognitive Entwicklung beeinträchtigen und Nervenschäden verursachen.
- **Kupfer**: In hohen Dosen giftig, kann Magen-Darm-Probleme und Leberschäden verursachen.
- **Cadmium**: Kann die Nieren schädigen und ist mit einem erhöhten Krebsrisiko verbunden.

Chlor

Herkunft:

Wird zur Desinfektion von Trinkwasser verwendet.

Auswirkungen:

- Kann bei längerer Exposition die Darmflora stören.
- Kann mit organischen Stoffen im Wasser reagieren und krebserregende Nebenprodukte wie Trihalomethane (THMs) bilden

Pestizide und Herbizide

Herkunft:

Landwirtschaftliche Abwässer, die ins Grundwasser gelangen.

Auswirkungen:

- Hormonelle Störungen (endokrine Disruptoren).
- Potenziell krebserregend.
- Kann das Immunsystem schwächen.

Nitrate

Herkunft:

Landwirtschaft (Dünger), Tierhaltung.

Auswirkungen:

- Im Körper können Nitrate zu Nitriten umgewandelt werden, die mit Hämoglobin reagieren und Sauerstofftransport im Blut beeinträchtigen (Methämoglobinämie).
- Nitrite können mit Ammoniak zu Nitrosaminen reagieren, die krebserregend sind.

Mikroplastik und Chemikalien (z. B. PFC, BPA)

Herkunft:

Plastikmüll, Industrieabfälle.

Auswirkungen:

- Mikroplastik kann Entzündungen und Zellschäden verursachen.

- Chemikalien wie Per- und polyfluorierte Chemikalien (PFC) oder Bisphenol A (BPA) können hormonell wirksam sein und mit Fruchtbarkeitsproblemen, Krebs und Stoffwechselstörungen in Verbindung stehen.

Arzneimittelrückstände (z. B. Antibiotika, Hormone)

Herkunft:

Über Abwasser ins Trinkwasser gelangt.

Auswirkungen:

- Störungen des Hormonsystems (z. B. durch Rückstände von Antibabypillen).
- Förderung von Antibiotikaresistenzen.
- Belastung der Leber und Nieren durch chronische Aufnahme.

Bakterien und Parasiten

Herkunft:

Veraltete oder kontaminierte Wassersysteme.

Auswirkungen:

- Magen-Darm-Erkrankungen (z. B. durch E. coli, Giardia).
- Risiko schwerer Infektionen bei geschwächtem Immunsystem.

Fluorid

Herkunft:

In einigen Ländern dem Wasser zugesetzt, um Karies vorzubeugen.

Auswirkungen:

- In hohen Mengen toxisch, kann Fluorose (Schäden an Zähnen und Knochen) verursachen.
- Potenzielle Beeinträchtigung der Schilddrüse und neurologische Effekte bei chronischer Überexposition.

Präventive Maßnahmen:

Wasserfilter:
Aktivkohlefilter oder Umkehrosmose-Systeme können viele Schadstoffe entfernen.

Regelmäßige Tests:
Leitungswasser analysieren lassen, um problematische Substanzen zu identifizieren.

Abgekochtes Wasser:
Kann Bakterien und Parasiten abtöten, hilft aber nicht gegen chemische Verunreinigungen.

Mineralwasser als Alternative:
Achten Sie auf hochwertige Quellen mit unabhängigen Tests.

Fazit

Die Aufnahme solcher Substanzen in geringen Mengen ist selten akut giftig, kann jedoch langfristige Auswirkungen auf die Gesundheit haben.

Zucker

Übermäßiger Zuckerkonsum ist mit Gewichtszunahme, Diabetes, Herz-Kreislauf-Erkrankungen und chronischen Entzündungen verbunden. Zucker begünstigt auch eine ungesunde Darmflora und fördert Karies.

Auswirkungen auf den Stoffwechsel

Insulinresistenz und Typ-2-Diabetes:

Zucker führt zu wiederholten Blutzuckerspitzen und erhöht die Insulinproduktion. Langfristig kann dies zu Insulinresistenz und schließlich zu Typ-2-Diabetes führen.

Fettleibigkeit:

Zuckerhaltige Lebensmittel sind oft kalorienreich und fördern die Fettspeicherung, insbesondere um die Bauchregion. Fruktose (eine Zuckerart) kann den Appetit erhöhen, da sie die Sättigungshormone beeinflusst.

Belastung der Organe

Leber:

Übermäßiger Fruktosekonsum kann zu einer nicht-alkoholischen Fettlebererkrankung (NAFLD) führen, da die Leber Fruktose in Fett umwandelt, das sich dort ansammelt.

Bauchspeicheldrüse:

Übermäßiger Zuckerkonsum kann die Bauchspeicheldrüse belasten und die Insulinproduktion stören.

Negative Auswirkungen auf das Herz-Kreislauf-System

Erhöhtes Risiko für Herzerkrankungen:

Zucker fördert die Bildung schädlicher Blutfette (Triglyceride), erhöht das "schlechte" LDL-Cholesterin und den Blutdruck, was das Risiko für Herzkrankheiten und Schlaganfälle erhöht.

Chronische Entzündungen:

Zucker fördert entzündliche Prozesse, die mit vielen chronischen Erkrankungen wie Atherosklerose in Verbindung stehen.

Zahn- und Mundgesundheit

Karies:

Zucker nährt Bakterien im Mund, die Säuren produzieren und Zahnschmelz zerstören, was zu Karies und Zahnfleischerkrankungen führt.

Hormonelle Störungen

Störung der Hunger- und Sättigungsregulation:

Zucker, insbesondere Fruktose, kann das Hormon Leptin (verantwortlich für das Sättigungsgefühl) beeinträchtigen, was zu übermäßigem Essen führt.

Gehirn und mentale Gesundheit

Suchtähnliche Effekte:

Zucker aktiviert das Belohnungszentrum im Gehirn ähnlich wie Drogen, was zu einer Abhängigkeit führen kann.

Stimmungsschwankungen:

Nach einem anfänglichen Energieschub durch Zucker fällt der Blutzuckerspiegel schnell ab, was zu Reizbarkeit, Müdigkeit und Stimmungsschwankungen führen kann.

Demenzrisiko:

Chronisch hoher Zuckerkonsum wird mit einem erhöhten Risiko für kognitive Störungen und Alzheimer in Verbindung gebracht.

Immunsystem

Schwächung der Abwehrkräfte:

Zucker kann die Fähigkeit der weißen Blutkörperchen, Bakterien und Viren zu bekämpfen, beeinträchtigen und die Anfälligkeit für Infektionen erhöhen.

Hautgesundheit

Akne:

Zucker steigert den Insulinspiegel, was die Produktion von Talg und Entzündungen in der Haut fördern kann.

Hautalterung:

Zucker kann die Kollagen- und Elastinfasern durch einen Prozess namens Glykation schädigen, was zu vorzeitiger Hautalterung führt.

Risiko für Krebs

Förderung von Tumorwachstum:

Zucker kann das Wachstum von Krebszellen fördern, da diese sich bevorzugt von Glukose ernähren. Ein hoher Insulinspiegel, verursacht durch Zucker, wird mit einem erhöhten Risiko für bestimmte Krebsarten in Verbindung gebracht.

Fazit

Während Zucker in Maßen für die meisten Menschen unbedenklich ist, kann ein übermäßiger Konsum langfristig zu schwerwiegenden gesundheitlichen Problemen führen. Es ist ratsam, den Konsum zugesetzten Zuckers zu reduzieren und stattdessen auf natürliche Zuckerquellen wie Obst zurückzugreifen.

Verarbeitete Lebensmittel

Diese enthalten oft viele Zusatzstoffe, Zucker, ungesunde Fette und wenig Nährstoffe. Regelmäßiger Konsum kann zu Übergewicht, Diabetes, Entzündungen und Herzproblemen führen, da dem Körper essenzielle Nährstoffe fehlen. Verarbeitete Lebensmittel sind Produkte, die durch industrielle oder handwerkliche Prozesse verändert wurden. Diese hochverarbeiteten Lebensmittel enthalten oft künstliche Aromen, Emulgatoren, Konservierungsstoffe und Geschmacksverstärker, die langfristig gesundheitliche Probleme fördern können.

Übergewicht und Adipositas

Hoher Kaloriengehalt:

Verarbeitete Lebensmittel sind oft reich an Zucker, gesättigten Fetten und Kalorien, was zu übermäßigem Kalorienverbrauch und Gewichtszunahme führen kann.

Geringe Sättigung:

Sie enthalten oft raffinierte Kohlenhydrate und wenig Ballaststoffe, was zu einem schnellen Hungergefühl und Überessen führt.

Stoffwechselprobleme

Insulinresistenz:

Zuckerreiche verarbeitete Lebensmittel können Insulinspitzen verursachen, die langfristig zu Insulinresistenz und Typ-2-Diabetes führen.

Fettstoffwechselstörungen:

Ungesunde Fette, wie Transfette, können den Cholesterinspiegel negativ beeinflussen, indem sie das "schlechte" LDL-Cholesterin erhöhen und das "gute" HDL-Cholesterin senken.

Herz-Kreislauf-Erkrankungen

Bluthochdruck:

Verarbeitete Lebensmittel enthalten oft hohe Mengen an Salz, das den Blutdruck erhöht und das Risiko für Herzinfarkte und Schlaganfälle steigert.

Gefäßschäden:

Transfette und Zusatzstoffe können Entzündungen in den Gefäßen fördern und Atherosklerose (Arterienverkalkung) begünstigen.

Chronische Entzündungen

Zusatzstoffe und Zucker:

Zutaten wie Maissirup mit hohem Fructosegehalt oder künstliche Konservierungsstoffe fördern entzündliche Prozesse, die mit chronischen Erkrankungen wie Arthritis, Krebs und Autoimmunerkrankungen in Verbindung gebracht werden.

Mangelernährung

Nährstoffarmut:

Verarbeitete Lebensmittel sind oft arm an Vitaminen, Mineralien und Ballaststoffen, was zu Mangelerscheinungen führen kann.

Versteckte Kalorien:

Der hohe Energiegehalt ohne nahrhaften Mehrwert belastet den Körper und trägt nicht zur gesunden Versorgung mit Nährstoffen bei.

Darmgesundheit

Negative Auswirkungen auf die Darmflora:

Verarbeitete Lebensmittel enthalten oft künstliche Süßstoffe, Emulgatoren und Konservierungsstoffe, die das Gleichgewicht der Darmbakterien stören können. Dies kann Verdauungsprobleme, Entzündungen und ein geschwächtes Immunsystem verursachen.

Krebserkrankungen

Krebsrisiko:

Einige Zusatzstoffe und verarbeitete Fleischprodukte (z. B. Pökelsalze, Nitrite) sind krebserregend. Hochverarbeitete Lebensmittel werden mit einem erhöhten Risiko für Darm-, Brust- und andere Krebsarten in Verbindung gebracht.

Psychische Gesundheit

Stimmungsschwankungen:

Verarbeitete Lebensmittel mit hohem Zucker- und Fettgehalt
können zu starken Schwankungen des Blutzuckerspiegels
führen, was Stimmungsschwankungen, Angstzustände und
Depressionen fördern kann.

Belohnungseffekt:

Der hohe Anteil an Zucker und künstlichen Aromen kann das
Belohnungssystem des Gehirns aktivieren und zu Suchtver-
halten führen.

Immunsystem

Geschwächtes Immunsystem:

Der Konsum von verarbeiteten Lebensmitteln kann zu oxidativem Stress und chronischen Entzündungen führen, die die
Abwehrkräfte des Körpers schwächen.

Fazit

Der regelmäßige Konsum verarbeiteter Lebensmittel kann das
Risiko für zahlreiche Gesundheitsprobleme erhöhen. Es ist
sinnvoll, diese durch natürliche, vollwertige und unverarbeitete Lebensmittel zu ersetzen, um den Körper mit wichtigen
Nährstoffen zu versorgen und langfristig gesund zu bleiben.

Stress – richtiges Atmen kommt zum Einsatz

Chronischer Stress kann das Immunsystem schwächen, die Verdauung stören und zu Angstzuständen oder Depressionen führen. Stress ist eine natürliche Reaktion des Körpers auf Herausforderungen und kann kurzfristig sogar leistungssteigernd wirken. Doch wenn Stress chronisch wird, hat er tiefgreifende Auswirkungen auf unsere Gesundheit.

Langfristiger Stress bringt das hormonelle Gleichgewicht durcheinander, erhöht den Cortisolspiegel und kann zu Erschöpfung, Schlafstörungen und einem geschwächten Immunsystem führen. Bewusste Atemtechniken können helfen, das Nervensystem zu beruhigen und Stress abzubauen.

Auswirkungen auf das Nervensystem

Überaktivierung der Stressachsen:

Stress aktiviert das sympathische Nervensystem und die Hypothalamus-Hypophysen-Nebennierenrinden-Achse (HPA-Achse), was zu einer übermäßigen Freisetzung von Stresshormonen wie **Cortisol** und **Adrenalin** führt.

Überlastung des Nervensystems:

Dauerhafter Stress führt zu einer chronischen Alarmbereitschaft, die das Gleichgewicht im Körper stört und zu Erschöpfung oder Burnout führt.

Herz-Kreislauf-System

Blutdruckanstieg:

Stresshormone bewirken eine Verengung der Blutgefäße und einen erhöhten Herzschlag, was langfristig Bluthochdruck und Herzkrankheiten fördert.

Herzinfarkt und Schlaganfall:

Chronischer Stress kann die Arterien schädigen und die Wahrscheinlichkeit von Herzinfarkten oder Schlaganfällen erhöhen.

Immunsystem

Schwächung der Abwehrkräfte:

Langfristig erhöhtes Cortisol unterdrückt das Immunsystem, was die Anfälligkeit für Infektionen und Krankheiten steigert.

Entzündungen:

Während akuter Stress Entzündungen hemmen kann, führt chronischer Stress oft zu einer Zunahme von Entzündungen, die Autoimmunerkrankungen und chronische Krankheiten begünstigen.

Verdauungssystem

Magen-Darm-Beschwerden:

Stress kann Symptome wie Sodbrennen, Reizdarm, Magenschmerzen, Verstopfung oder Durchfall verstärken.

Appetitveränderungen:

Manche Menschen essen bei Stress mehr ("Stressessen"), während andere weniger essen, was das Gleichgewicht von Gewicht und Nährstoffaufnahme stört.

Hormonsystem

Ungleichgewicht der Hormone:

Stress beeinflusst die Hormonproduktion, einschließlich Sexualhormonen wie Östrogen und Testosteron, was zu Unfruchtbarkeit, Menstruationsstörungen oder Libidoverlust führen kann.

Blutzuckerspiegel:

Cortisol erhöht den Blutzuckerspiegel, was langfristig das Risiko für Typ-2-Diabetes erhöht.

Muskel- und Skelettsystem

Verspannungen und Schmerzen:

Stress verursacht oft Muskelverspannungen, die zu Nacken-, Schulter- und Rückenschmerzen führen können. Chronische Verspannungen können Haltungsschäden begünstigen.

Psychische Gesundheit

Angst und Depression:

Chronischer Stress erhöht das Risiko für psychische Erkrankungen wie Angststörungen und Depressionen.

Schlafstörungen:

Stress stört den Schlaf, was die Regeneration beeinträchtigt und die körperliche sowie geistige Leistungsfähigkeit mindert.

Kognitive Beeinträchtigungen:

Dauerstress kann das Gedächtnis, die Konzentrationsfähigkeit und die Entscheidungsfindung beeinträchtigen.

Langfristige Gesundheitsrisiken

Chronische Krankheiten:

Stress steht in Verbindung mit Erkrankungen wie Krebs, Alzheimer und Herz-Kreislauf-Leiden.

Verkürzte Lebenserwartung:

Chronischer Stress trägt durch die Belastung des Körpers zur Alterung bei und kann die Lebenserwartung verringern.

Fazit

Stress ist ein natürlicher Teil des Lebens, kann aber bei chronischer oder übermäßiger Belastung erheblichen Schaden anrichten. Strategien wie regelmäßige Bewegung, Meditation, Atemtechniken, eine ausgewogene Ernährung und ausreichend Schlaf können helfen, Stress abzubauen und dessen negative Auswirkungen auf den Körper zu minimieren.

Einige Medikamente

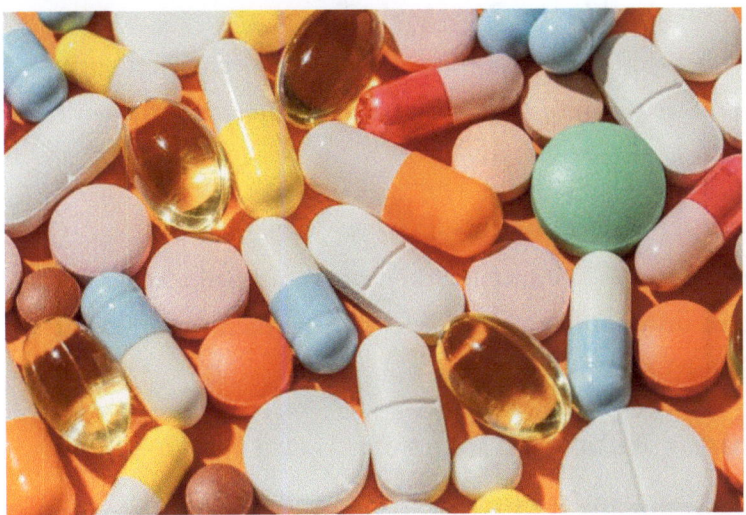

Langfristiger oder übermäßiger Gebrauch von Medikamenten, insbesondere Antibiotika oder Schmerzmitteln, kann Nebenwirkungen wie Leberschäden, Abhängigkeit oder die Zerstörung der Darmflora verursachen.

Die Vorteile der Naturmedizin gegenüber konventionellen Medikamenten sind ein oft diskutiertes Thema, das von der individuellen Perspektive, den Gesundheitszielen und der Art der Erkrankung abhängt. Hier sind die Hauptgründe, warum viele Menschen Naturmedizin bevorzugen:

Natürliche Inhaltsstoffe

Weniger chemische Zusatzstoffe:

Naturmedizin basiert auf pflanzlichen, mineralischen oder tierischen Substanzen, die oft als weniger belastend für den Körper wahrgenommen werden.

Ganzheitlicher Ansatz:

Viele natürliche Heilmittel wirken nicht nur symptomatisch, sondern unterstützen den Körper ganzheitlich, indem sie dessen Selbstheilungskräfte anregen.

Weniger Nebenwirkungen

Schonender für den Körper:

Im Vergleich zu synthetischen Medikamenten, die oft gezielt in biochemische Prozesse eingreifen, verursachen natürliche Heilmittel tendenziell weniger Nebenwirkungen.

Langfristige Verträglichkeit:

Viele Naturheilmittel können langfristig angewendet werden, ohne größere gesundheitliche Risiken wie Medikamentenabhängigkeit oder Organbelastung (z. B. Leber, Niere) zu verursachen.

Prävention statt Symptomlinderung

Förderung der Gesundheit:

Naturmedizin zielt oft darauf ab, die zugrunde liegende Ursache einer Erkrankung zu behandeln, statt nur Symptome zu lindern. Dies kann eine nachhaltigere Heilung bewirken.

Stärkung des Immunsystems:

Heilpflanzen wie Echinacea, Ingwer oder Kurkuma können das Immunsystem stärken und Erkrankungen vorbeugen.

Individuelle Anpassung

Personalisierte Therapien:

In der Naturheilkunde werden Behandlungen oft auf den individuellen Patienten zugeschnitten, basierend auf dessen Konstitution und Lebensstil.

Ganzheitlicher Fokus:

Neben physischen Beschwerden werden auch emotionale, mentale und spirituelle Aspekte berücksichtigt.

Weniger Resistenzbildung

Antibiotika-Resistenzen vermeiden:

Übermäßiger Einsatz von synthetischen Antibiotika hat Resistenzen gefördert, während natürliche Alternativen wie Manuka-Honig oder Knoblauch antibakteriell wirken können, ohne Resistenzen zu verursachen.

Nachhaltigkeit und Umweltfreundlichkeit

Weniger Umweltbelastung:

Die Herstellung synthetischer Medikamente kann umweltbelastend sein. Naturmedizin, insbesondere lokal bezogene Heilpflanzen, hat oft eine geringere ökologische Auswirkung.

Vermeidung von Chemikalien im Abwasser:

Reste synthetischer Medikamente gelangen häufig ins Wasser, während Naturheilmittel biologisch abbaubar sind.

Kostenersparnis

Günstige Alternativen:

Viele natürliche Heilmittel sind kostengünstiger als teure Medikamente und können aus Kräutern, die leicht verfügbar sind, selbst hergestellt werden.

Traditionelle und kulturelle Bedeutung

Bewährtes Wissen:

Naturmedizin basiert oft auf jahrhundertealtem Wissen und traditionellen Heilmethoden, die sich in verschiedenen Kulturen bewährt haben.

Vertrauen in die Natur:

Viele Menschen empfinden eine Verbindung zur Natur und sehen in natürlichen Heilmitteln eine Rückkehr zu ursprünglichen Heilweisen.

Einschränkungen und ergänzende Betrachtung

Obwohl Naturmedizin viele Vorteile hat, ist sie nicht immer die bessere Wahl:

Schwere Erkrankungen:
Bei lebensbedrohlichen Erkrankungen (z. B. Krebs, Herzinfarkt) oder akuten Notfällen sind oft konventionelle Medikamente und medizinische Eingriffe erforderlich.

Unzureichende wissenschaftliche Beweise:
Nicht alle Naturheilmittel sind ausreichend wissenschaftlich untersucht.

Qualitätskontrolle:
Die Reinheit und Dosierung von Naturheilmitteln sind nicht immer standardisiert.

Fazit

Naturmedizin bietet viele Vorteile durch ihre sanfte, ganzheitliche und präventive Wirkung. Sie kann bei leichten Beschwerden und zur Unterstützung der Gesundheit eine wertvolle Alternative sein. Allerdings sollte sie bei schwereren Erkrankungen nicht den Rat eines Arztes und eine konventionelle Behandlung ersetzen, sondern idealerweise in Kombination genutzt werden.

Sonstiges

Viele Faktoren können den Körper belasten und die Gesundheit negativ beeinflussen. Neben den offensichtlichen, wie ungesunde Ernährung oder Stress, gibt es weitere Aspekte, die oft unterschätzt werden:

Umweltfaktoren

Luftverschmutzung:

Schadstoffe in der Luft wie Feinstaub, Kohlenmonoxid und Stickoxide können Atemwegserkrankungen, Herz-Kreislauf-Probleme und Entzündungen fördern.

Wasserverunreinigungen:

Schwermetalle, Mikroplastik oder Chemikalien im Trinkwasser können Leber, Nieren und das Immunsystem belasten.

Strahlenbelastung:

Langfristige Exposition gegenüber UV-Strahlen, elektromagnetischen Feldern oder radioaktiver Strahlung kann DNA-Schäden, Hautkrebs und andere Gesundheitsprobleme verursachen.

Ernährung

Konservierungsstoffe und Zusatzstoffe:

Chemische Substanzen wie Geschmacksverstärker, Farbstoffe oder Konservierungsmittel können allergische Reaktionen und Entzündungen auslösen.

Transfette:

In frittierten oder stark verarbeiteten Lebensmitteln enthalten, erhöhen sie das Risiko für Herz-Kreislauf-Erkrankungen.

Pestizide und Herbizide:

Rückstände in Obst und Gemüse können das hormonelle Gleichgewicht stören und krebserregend wirken.

Lebensstil

Bewegungsmangel:

Zu wenig körperliche Aktivität schwächt das Herz-Kreislauf-System, erhöht das Risiko für Diabetes und führt zu Muskelschwäche.

Schlafmangel:

Chronischer Schlafentzug beeinträchtigt das Immunsystem, erhöht das Risiko für Übergewicht und fördert psychische Probleme wie Depressionen.

Rauchen:

Nikotin und andere Schadstoffe im Tabak sind die Hauptursache für Lungenkrebs, Gefäßschäden und Herzkrankheiten.

Alkoholkonsum:

Regelmäßiger Konsum belastet die Leber, erhöht das Krebsrisiko und fördert psychische Abhängigkeit.

Chemische Belastungen

Kosmetika und Haushaltsprodukte:

Viele Produkte enthalten Parabene, Phthalate und andere Chemikalien, die hormonell wirken und Allergien auslösen können.

Reinigungsmittel:

Aerosole und aggressive Chemikalien können Atemwege und Haut reizen.

Kunststoffe:

Der Kontakt mit BPA und anderen Weichmachern aus Plastik kann hormonelle Störungen verursachen.

Emotionale und psychische Belastungen

Chronischer Stress:

Führt zu Entzündungen, einem geschwächten Immunsystem und langfristig zu Burnout.

Soziale Isolation:

Kann psychische Erkrankungen wie Depressionen und Angststörungen verstärken.

Überforderung und Leistungsdruck:

Dauerhafte Überforderung führt zu einem Ungleichgewicht im Nervensystem, das langfristig körperliche Krankheiten begünstigen kann.

Medikamente und Drogen

Übermäßiger Medikamentenkonsum:

Schmerzmittel, Antibiotika oder Psychopharmaka können bei Missbrauch zu Organbelastungen, Resistenzen und Abhängigkeit führen.

Drogenkonsum:

Illegale Substanzen wie Amphetamine, Kokain oder Cannabis belasten die Psyche, schädigen das Gehirn und können Organe dauerhaft schädigen.

Hormonelle Belastungen

Hormonaktive Stoffe:

Substanzen wie Bisphenol A (BPA), die in Plastikflaschen oder Verpackungen vorkommen, können das hormonelle System beeinträchtigen.

Künstliche Hormone:

Längere Einnahme von Hormonpräparaten (z. B. Pille) kann Stoffwechsel und Fruchtbarkeit beeinflussen.

Infektionen und Entzündungen

Chronische Infektionen:

Nicht behandelte Infektionen wie Borreliose oder H. pylori können den Körper dauerhaft schädigen.

Autoimmunerkrankungen:

Durch Triggerfaktoren wie Stress, Ernährung oder Umwelt-gifte ausgelöste Autoimmunreaktionen greifen körpereigenes Gewebe an.

Fehlinformation und falsche Gesundheitstipps

Unprofessionelle Ratschläge:

Falsch angewandte Diäten, Nahrungsergänzungsmittel oder Naturheilmittel können mehr schaden als nutzen.

Selbstdiagnose:

Fehlende medizinische Abklärung kann dazu führen, dass ernsthafte Krankheiten unbehandelt bleiben.

Fehlende Achtsamkeit für den eigenen Körper

Unzureichende Vorsorgeuntersuchungen:

Regelmäßige Checks können helfen, Krankheiten frühzeitig zu erkennen.

Ignorieren von Symptomen:

Frühwarnzeichen des Körpers wie Müdigkeit oder Schmerzen werden oft übergangen, was langfristig zu schweren Erkrankungen führen kann.

Fazit

Ein gesunder Lebensstil, der auf ausgewogener Ernährung, regelmäßiger Bewegung, Stressmanagement und dem Vermeiden von schädlichen Substanzen basiert, ist der Schlüssel zur langfristigen Gesundheit. Achtsamkeit gegenüber den genannten Belastungsfaktoren hilft, Risiken zu minimieren und den Körper zu schützen.

Die besten Supplements

Vitamin C

Wirkung:

Stärkt das Immunsystem, fördert die Kollagenbildung, schützt vor oxidativem Stress und unterstützt die Wundheilung.

Besonderheit:

Antioxidative Wirkung, hilft bei der Aufnahme von Eisen.

Vitamin C (Ascorbinsäure): Wirkung im Körper

Vitamin C ist ein essenzielles wasserlösliches Vitamin, das der Körper nicht selbst herstellen kann. Es ist an zahlreichen biologischen Prozessen beteiligt und für die allgemeine Gesundheit unverzichtbar.

Hauptwirkungen von Vitamin C im Körper

Antioxidative Funktion:

- **Neutralisierung von freien Radikalen:** Schützt Zellen und Gewebe vor oxidativem Stress.

- **Schutz anderer Antioxidantien:** Regeneriert Vitamin E und Glutathion, damit diese wieder antioxidativ wirken können. 2. Stärkung des Immunsystems:

- Unterstützt die Produktion und Funktion weißer Blutkörperchen (z. B. Lymphozyten, Makrophagen), die für die Immunabwehr wichtig sind.

- Fördert die Bildung von Antikörpern und die Heilung von Wunden.

Kollagenbildung:

- Essenziell für die Synthese von Kollagen, einem Protein, das für die Struktur von Haut, Knochen, Knorpel, Sehnen und Blutgefäßen benötigt wird.

- Fördert die Wundheilung und Hautelastizität.

Verbesserung der Eisenaufnahme:

- Erhöht die Aufnahme von nicht-hämischem Eisen aus pflanzlichen Lebensmitteln.

- Hilft, Eisenmangelanämie vorzubeugen.

Schutz vor Herz-Kreislauf-Erkrankungen:

- Senkt die Oxidation von LDL-Cholesterin („schlechtes Cholesterin"), was das Risiko von Plaquebildung in den Arterien reduzieren kann.
- Unterstützt die Gesundheit der Blutgefäße und reguliert den Blutdruck.

Unterstützung des Nervensystems:

- Spielt eine Rolle bei der Produktion von Neurotransmittern wie Noradrenalin und Dopamin, die für die Stimmung und Gehirnfunktion wichtig sind.
- Schützt das Gehirn vor oxidativem Stress.

Vorbeugung von Skorbut:

- Ein Mangel an Vitamin C führt zu Skorbut, einer Erkrankung, die durch Schwäche, Zahnfleischbluten, Gelenkschmerzen und schlechte Wundheilung gekennzeichnet ist

Gesundheitliche Vorteile von Vitamin C

Hautgesundheit:

- Reduziert Faltenbildung und Pigmentierungen.
- Schützt die Haut vor UV-Schäden.

Stärkung der Knochen und Gelenke:

- Fördert die Kollagenbildung und die Knochengesundheit.

Stressmanagement:

- Unterstützt die Nebennierenfunktion bei der Produktion von Stresshormonen wie Cortisol.

Schutz vor chronischen Krankheiten:

- Kann das Risiko für bestimmte Krebsarten, Herz-Kreislauf-Erkrankungen und neurodegenerative Erkrankungen senken.

Erkältungsprophylaxe:

- Verkürzt die Dauer und Schwere von Erkältungen, wenn regelmäßig eingenommen.

Täglicher Bedarf:

- **Erwachsene:** 75–90 mg pro Tag (höher bei Rauchern, Schwangeren und Stillenden).
- **Therapeutische Dosen:** Bei Infektionen, hohem Stress oder als Antioxidans können höhere Dosen (bis zu 2 g/Tag) hilfreich sein, sollten jedoch ärztlich überwacht werden.

Quellen von Vitamin C:

- **Früchte**: Zitrusfrüchte, Kiwi, Erdbeeren, Papaya.
- **Gemüse**: Paprika, Brokkoli, Rosenkohl, Grünkohl, Spinat.

Nebenwirkungen bei Überdosierung:

- Magen-Darm-Beschwerden wie Durchfall oder Blähungen.

- Bei empfindlichen Personen möglich: Erhöhtes Risiko für Nierensteine durch Oxalatbildung.

Fazit

Vitamin C ist ein unverzichtbares Vitamin mit einer Vielzahl von positiven Wirkungen auf die Gesundheit. Es stärkt das Immunsystem, schützt die Haut, fördert die Kollagenbildung und verbessert die Aufnahme von Eisen. Regelmäßige Zufuhr über die Ernährung oder Nahrungsergänzungsmittel unterstützt den Körper bei vielen lebenswichtigen Funktionen.

Q10 (Coenzym Q10)

Wirkung:

Energielieferant auf Zellebene, antioxidativ, fördert Herzgesundheit und schützt vor Zellschäden.

Besonderheit:

Unterstützt die Hautalterung und Energieproduktion in den Mitochondrien. Mit zunehmendem Alter oder durch äußere Belastungen wie Stress, Umweltgifte oder ungesunde Ernährung nimmt der natürliche Q10-Spiegel im Körper ab. Ein Mangel kann sich in Form von Erschöpfung, Muskelproblemen, Konzentrationsschwäche oder einem geschwächten Immunsystem bemerkbar machen.

Coenzym Q10 (Ubiquinon): Wirkung auf den Körper

Coenzym Q10 (Q10) ist ein körpereigenes Molekül, das in den Mitochondrien – den "Kraftwerken" der Zellen – vorkommt. Es spielt eine entscheidende Rolle bei der Energieproduktion und schützt die Zellen vor Schäden durch freie Radikale. Mit zunehmendem Alter und bei bestimmten Krankheiten sinkt der Q10-Spiegel im Körper, was die Bedeutung einer ausreichenden Versorgung betont.

Hauptwirkungen von Q10 auf den Körper

Energieproduktion:

- Q10 ist essenziell für die Synthese von ATP (Adenosintriphosphat), dem Hauptenergieträger der Zellen.
- Unterstützt die Funktion energieintensiver Organe wie Herz, Gehirn und Muskeln.

Antioxidativer Schutz:

- Wirkt als Antioxidans, das freie Radikale neutralisiert und Zellen vor oxidativem Stress schützt.
- Regeneriert andere Antioxidantien wie Vitamin E.

Herzgesundheit:

- Stärkt den Herzmuskel und verbessert die Pumpleistung.
- Kann helfen, Bluthochdruck zu senken.
- Wirkt sich positiv bei Herzinsuffizienz und anderen Herzerkrankungen aus.

Hautgesundheit:

- Schützt die Haut vor oxidativem Stress und Schäden durch UV-Strahlen.
- Unterstützt die Regeneration von Zellen und verzögert sichtbare Zeichen der Hautalterung.

Schutz des Nervensystems:

- Schützt Gehirnzellen vor oxidativen Schäden.
- Kann neurodegenerative Erkrankungen wie Parkinson oder Alzheimer positiv beeinflussen.

Verbesserte körperliche Leistungsfähigkeit:

- Unterstützt die Muskelfunktion und reduziert Müdigkeit.
- Kann die Erholung nach körperlicher Anstrengung fördern.

Unterstützung des Immunsystems:

- Schützt Immunzellen vor oxidativem Stress und stärkt so die Abwehrkräfte.

Anwendungsgebiete von Q10

Alterungsprozesse:

Hilft, altersbedingten Rückgang der Zellenergie und Hautalterung zu verzögern.

Herzerkrankungen:

Unterstützt die Behandlung von Herzinsuffizienz, Kardiomyopathie und Angina pectoris.

Migräne:

Studien zeigen, dass Q10 die Häufigkeit und Schwere von Migräneanfällen reduzieren kann.

Blutdruckregulierung:

Kann helfen, Bluthochdruck zu senken.

Diabetes:

Schützt die Zellen vor Schäden durch hohe Blutzuckerwerte und verbessert die Insulinsensitivität.

Fruchtbarkeit:

Verbessert die Qualität von Eizellen und Spermien durch antioxidative Wirkungen.

Empfohlene Dosierung:

Prävention und allgemeine Gesundheit: 30–100 mg pro Tag.

Therapeutische Anwendung:

100–300 mg pro Tag (bei spezifischen Erkrankungen wie Herzinsuffizienz oder Migräne, nach Absprache mit einem Arzt).

Einnahme:

Am besten zu einer Mahlzeit mit Fett, da Q10 fettlöslich ist.

Nebenwirkungen und Vorsichtsmaßnahmen:

Nebenwirkungen:

Mögliche leichte Beschwerden wie Magen-Darm-Probleme, Kopfschmerzen oder Schlaflosigkeit bei hohen Dosen.

Wechselwirkungen:

Q10 kann die Wirkung von blutverdünnenden Medikamenten (z. B. Warfarin) beeinflussen. Vorsicht bei der Einnahme mit anderen Medikamenten.

Fazit

Coenzym Q10 ist ein kraftvolles Antioxidans und eine wichtige Substanz für die Energieproduktion. Es hat vielseitige Vorteile für Herzgesundheit, Haut, Nervensystem und die allgemeine Vitalität. Die regelmäßige Einnahme kann dazu beitragen, Alterungsprozesse zu verlangsamen und das Wohlbefinden zu fördern.

Alpha-Liponsäure

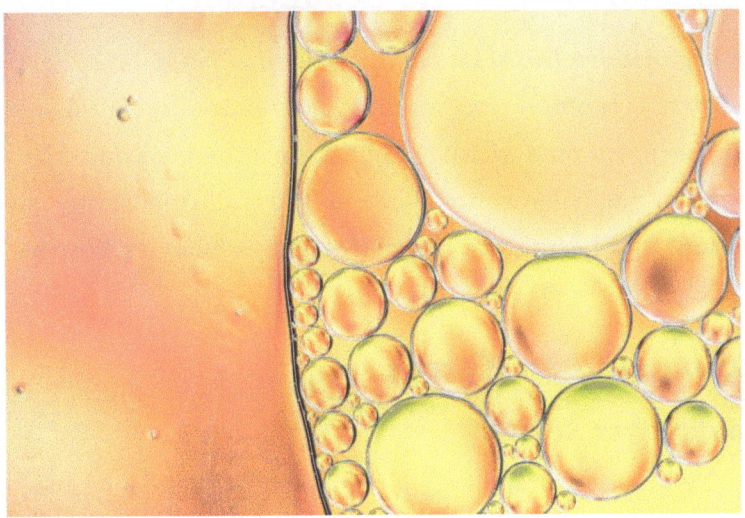

Wirkung:

Starkes Antioxidans, regeneriert andere Antioxidantien (z. B. Vitamin C, E), fördert den Zuckerstoffwechsel.

Besonderheit:

Alpha-Liponsäure (ALA) ist ein starkes Antioxidans, das sowohl in wasser- als auch in fettlöslichen Umgebungen wirken kann – eine einzigartige Eigenschaft, die sie von vielen anderen Antioxidantien unterscheidet. Dadurch kann sie in nahezu allen Zellstrukturen des Körpers oxidativen Stress bekämpfen und freie Radikale neutralisieren. Insgesamt ist Alpha-Liponsäure ein vielseitiges, kraftvolles Antioxidans, das sowohl für Zellschutz, Energieproduktion als auch für Entgiftung und Stoffwechselregulation von großer Bedeutung ist.

Alpha-Liponsäure: Wirkung auf den Körper, die Zirbeldrüse und die Gesundheit

Alpha-Liponsäure (ALA) ist ein Antioxidans, das in jeder Zelle des Körpers vorkommt und sowohl wasser- als auch fettlöslich ist. Sie spielt eine wichtige Rolle in der Energieproduktion und schützt die Zellen vor oxidativem Stress. Ihre Wirkung ist umfassend und beeinflusst verschiedene Systeme des Körpers positiv, einschließlich der Zirbeldrüse.

Wirkung auf den Körper:

Antioxidativer Schutz:

- Neutralisiert freie Radikale und schützt Zellen vor oxidativem Stress.
- Regeneriert andere Antioxidantien wie Vitamin C, Vitamin E und Glutathion, wodurch ihre Wirkung verlängert wird.

Energieproduktion:

- Unterstützt die Funktion der Mitochondrien, den "Kraftwerken" der Zellen, indem sie an der Umwandlung von Nährstoffen in Energie beteiligt ist.

Entgiftung:

- Bindet Schwermetalle wie Quecksilber, Arsen und Kadmium und fördert deren Ausscheidung aus dem Körper.
- Unterstützt die Leberfunktion.

Blutzuckerregulation:

- Verbessert die Insulinsensitivität und hilft, den Blutzuckerspiegel zu stabilisieren.
- Kann bei der Prävention und Behandlung von Diabetes-Komplikationen wie Neuropathien hilfreich sein.

Nerven- und Gehirngesundheit:

- Schützt die Nerven vor Schäden durch oxidativen Stress.
- Unterstützt die kognitive Funktion und kann neurodegenerative Erkrankungen wie Alzheimer positiv beeinflussen.

Wirkung auf die Zirbeldrüse:

- **Entkalkung:** Es wird angenommen, dass Alpha-Liponsäure helfen kann, die Zirbeldrüse zu "entkalken", indem sie den oxidativen Stress reduziert und die Entgiftung von Schwermetallen fördert. Die Zirbeldrüse ist oft von Kalzifikationen betroffen, die mit Umweltgiften und Schwermetallen in Verbindung stehen.
- **Schutz vor oxidativem Stress:** Sie schützt die Zirbeldrüse vor Schäden durch freie Radikale und unterstützt ihre Funktion.

Wirkung auf die allgemeine Gesundheit:

Herz-Kreislauf-System:

- Reduziert Entzündungen und oxidativen Stress in den Gefäßen.
- Fördert die Durchblutung und schützt vor Arteriosklerose.

Hautgesundheit:

- Kann die Hautalterung verlangsamen, indem sie Kollagen schützt und die Zellreparatur unterstützt.

Immunsystem:

- Stärkt die Abwehrkräfte durch den Schutz von Immunzellen vor oxidativem Stress.

Anti-Aging:

- Verzögert Alterserscheinungen durch ihre umfassende antioxidative Wirkung und die Unterstützung der mitochondrialen Gesundheit.

Schutz vor Neurodegeneration:

- Wirkt entzündungshemmend und schützt das Gehirn vor Schäden, die durch Alterung und Krankheiten wie Parkinson oder Alzheimer entstehen können.

Einnahmeempfehlung:

Dosierung:

Typischerweise 200–600 mg pro Tag, abhängig von Bedarf und Gesundheitszustand. Höhere Dosen sollten nur unter ärztlicher Aufsicht erfolgen.

Einnahmezeit:

Vorzugsweise auf nüchternen Magen, um die Aufnahme zu maximieren.

Kombination:

Kann mit anderen Antioxidantien wie Vitamin C, Vitamin E oder Omega-3-Fettsäuren kombiniert werden.

Nebenwirkungen und Vorsichtsmaßnahmen:

Nebenwirkungen:

Magen-Darm-Beschwerden wie Übelkeit oder Durchfall bei höheren Dosierungen.

Blutzucker:

Kann den Blutzuckerspiegel senken. Menschen mit Diabetes sollten die Einnahme mit einem Arzt abstimmen.

Langzeiteinnahme:

Keine schwerwiegenden Nebenwirkungen bekannt, aber eine regelmäßige ärztliche Überwachung wird empfohlen.

Fazit

Alpha-Liponsäure ist ein starkes Antioxidans mit weitreichenden positiven Effekten auf den Körper, die Zirbeldrüse und die Gesundheit. Sie schützt vor oxidativem Stress, verbessert die Energieproduktion und unterstützt die Entgiftung. Ihr potenzieller Nutzen für die Zirbeldrüse liegt vor allem in ihrer Fähigkeit, Kalzifikationen zu reduzieren und ihre Funktion zu bewahren.

Magnesium

Wirkung:

Unterstützt Muskelfunktion, Herzrhythmus, Knochenstärke und Nervensystem.

Besonderheit:

Reduziert Krämpfe und fördert die Entspannung.

Magnesium und seine Wirkung

Magnesium ist ein essenzieller Mineralstoff, der eine Schlüsselrolle in vielen Körperfunktionen spielt. Es ist an über 300 enzymatischen Reaktionen beteiligt und unverzichtbar für die Gesundheit von Muskeln, Nerven, Herz und Knochen.

Wirkungen von Magnesium

Muskelfunktion:

- Unterstützt die Entspannung und Kontraktion der Muskeln.
- Reduziert Muskelkrämpfe, insbesondere bei Magnesium-Mangel.

Nervensystem:

- Fördert die Signalübertragung zwischen Nervenzellen.
- Hilft bei der Regulierung von Stresshormonen und wirkt beruhigend.

Energieproduktion:

- Essenziell für die Umwandlung von Nahrung in Energie (ATP-Synthese).
- Unterstützt den Kohlenhydrat- und Fettstoffwechsel.

Herz-Kreislauf-System:

- Reguliert den Herzrhythmus und beugt Herzrhythmusstörungen vor.
- Entspannt die Blutgefäße, wodurch der Blutdruck gesenkt wird.

Knochengesundheit:

- Trägt zur Bildung von Knochengewebe bei, da es für die Aktivierung von Vitamin D und die Einlagerung von Kalzium notwendig ist.
- Verringert das Risiko von Osteoporose.

Verdauung:

- Fördert die Darmbewegung, insbesondere in Form von Magnesiumverbindungen wie Magnesiumcitrat (bei Verstopfung).

Immunsystem:

- Unterstützt die Abwehrkräfte durch seine Rolle in Zellfunktionen.

Hautgesundheit:

- Reduziert Entzündungen und unterstützt die Regeneration der Haut.

Symptome eines Magnesiummangels:

- Muskelkrämpfe und Zittern.
- Müdigkeit und Schwäche.
- Nervosität, Angst oder Depression.
- Kopfschmerzen und Migräne.
- Unregelmäßiger Herzschlag.

Quellen von Magnesium:

Lebensmittel:

Vollkornprodukte, Nüsse (Mandeln, Cashews), Samen (Sonnenblumenkerne), grünes Blattgemüse (Spinat, Mangold), Hülsenfrüchte, Avocados, Bananen.

Supplemente:

Magnesiumcitrat, -oxid, -chlorid oder -malat, je nach Bedarf.

Empfohlene Tagesdosis:

- Erwachsene: 300–400 mg pro Tag (abhängig von Alter und Geschlecht).
- Schwangere, Stillende oder Personen mit hohem Stress oder sportlicher Belastung haben oft einen erhöhten Bedarf.

Vorsicht bei Überdosierung:

- Hohe Dosen von Magnesium können Durchfall, Übelkeit oder Bauchkrämpfe verursachen.
- Menschen mit Nierenproblemen sollten Magnesium nur unter ärztlicher Aufsicht einnehmen.

MSM (Methylsulfonylmethan)

Wirkung:

Fördert die Gelenkgesundheit, reduziert Entzündungen, unterstützt Haut, Haare und Nägel.

Besonderheit:

Organischer Schwefel, wichtig für Kollagen- und Knorpelbildung.

MSM (Methylsulfonylmethan) ist eine natürliche Schwefelverbindung, die im Körper eine Vielzahl von positiven Effekten auf Gesundheit und Wohlbefinden haben kann. Hier sind die wichtigsten Wirkungen von MSM sowie Hinweise zur Dosierung:

Wirkungen von MSM im Körper

Entzündungshemmend:

MSM hat entzündungshemmende Eigenschaften, die besonders bei Gelenkbeschwerden, Arthritis oder Muskelentzündungen hilfreich sein können. Es wird häufig verwendet, um Entzündungen zu lindern und Schmerzen zu reduzieren, vor allem bei degenerativen Erkrankungen wie Arthrose.

Unterstützung der Gelenkgesundheit:

MSM hilft bei der Regeneration des Bindegewebes und kann somit die Flexibilität der Gelenke fördern. Es wird oft als Ergänzungsmittel bei Gelenkverschleiß oder Sportverletzungen eingesetzt, um die Heilung zu beschleunigen und Schmerzen zu lindern.

Förderung der Hautgesundheit:

MSM kann die Hautstruktur verbessern, da es den Aufbau von Kollagen unterstützt, das für Elastizität und Festigkeit der Haut verantwortlich ist. Es wird auch bei Hauterkrankungen wie Akne oder Ekzemen verwendet, da es die Heilung fördert und Entzündungen reduziert.

Unterstützung von Haaren und Nägeln:

MSM wird oft in Nahrungsergänzungsmitteln zur Förderung von gesundem Haarwachstum und stärkeren Nägeln verwendet, da Schwefel ein wesentlicher Bestandteil von Keratin ist, dem Protein, aus dem Haare und Nägel bestehen.

Antioxidative Wirkung:

MSM wirkt auch als Antioxidans, was bedeutet, dass es dabei hilft, freie Radikale im Körper zu neutralisieren und somit den oxidativen Stress zu verringern. Dies unterstützt die allgemeine Zellgesundheit und kann vorzeitiger Zellalterung entgegenwirken.

Förderung der Entgiftung:

MSM unterstützt die körpereigenen Entgiftungsprozesse, indem es den Transport von Toxinen aus den Zellen fördert und somit die Leber- und Nierenfunktion unterstützt.

Verbesserung der Muskelerholung:

MSM wird von Sportlern geschätzt, da es die Regeneration nach intensivem Training fördern und Muskelkater lindern kann.

Dosierung von MSM:

Die empfohlene Dosierung von MSM kann je nach Bedarf und Verwendungszweck variieren. Generell liegt die typische Dosierung für MSM bei:

Standarddosierung:

1 bis 3 g pro Tag (meistens aufgeteilt in mehrere kleinere Dosen).

Bei Gelenk- oder Entzündungsproblemen:

Manche Menschen nehmen bis zu **6 g pro Tag**, insbesondere in den ersten Wochen der Anwendung, um eine schnellere Wirkung zu erzielen.

Langfristige Anwendung:

In der Regel empfiehlt es sich, MSM langfristig in niedrigen Dosen zu nehmen, um die positiven Effekte zu erhalten und Nebenwirkungen zu vermeiden.

Wichtige Hinweise zur Dosierung

Beginne mit niedrigen Dosen

Es wird empfohlen, mit einer kleinen Dosis (z.B. 1 g pro Tag) zu beginnen und diese langsam zu steigern, um mögliche Nebenwirkungen zu vermeiden und die Verträglichkeit zu testen.

Steigerung der Dosis:

Die Dosis kann in den ersten Tagen oder Wochen bis auf 3–6 g täglich erhöht werden, je nach Bedarf und Verträglichkeit.

Aufteilung der Dosis:

Eine Tagesdosis sollte idealerweise auf zwei oder drei Portionen verteilt werden (z.B. morgens, mittags, abends), um eine gleichmäßige Wirkung zu erzielen und die Belastung des Verdauungssystems zu minimieren.

Nebenwirkungen:

MSM wird allgemein als gut verträglich angesehen, aber bei zu hohen Dosen oder empfindlichen Personen können folgende Nebenwirkungen auftreten:

- Magenbeschwerden, Blähungen oder Durchfall, Kopfschmerzen, Hautreaktionen (sehr selten)

Wenn du MSM in höheren Dosen einnehmen möchtest oder langfristig verwenden willst, ist es ratsam, dies mit einem Arzt oder Ernährungsberater abzusprechen, besonders wenn du bereits Medikamente einnimmst oder gesundheitliche Bedenken hast.

NaNa10 nach Dr. von Helden

Wirkung:

Unterstützt Elektrolyt-Haushalt und Flüssigkeitsbalance.

Besonderheit:

Wichtig bei Sport und Dehydrierung, genaue chemische Verbindung sollte geklärt werden.

L-Glycin

Wirkung:

Glycin ist eine Aminosäure, die im Körper eine Rolle als Neurotransmitter spielt und zur Bildung von Proteinen beiträgt. Es fördert die Entspannung und kann die Schlafqualität verbessern. Zu hohe Dosen können jedoch Magen-Darm-Probleme verursachen.

Mögliche Nebenwirkungen:

Hohe Dosen können Übelkeit, Verdauungsstörungen oder Kopfschmerzen auslösen.

L-Glutamin

Wirkung:

Diese Aminosäure ist wichtig für das Immunsystem, den Darm und die Muskelregeneration. Sie wird oft als Nahrungsergänzungsmittel zur Unterstützung der Darmgesundheit und nach intensiven Trainingseinheiten eingesetzt.

Mögliche Nebenwirkungen:

Zu hohe Mengen könnten Kopfschmerzen oder Magenprobleme verursachen, insbesondere bei empfindlichen Personen.

Ascorbinsäure

Wirkung:

Vitamin C ist ein starkes Antioxidans und unterstützt das Immunsystem, die Hautgesundheit und die Eisenaufnahme. Es hilft auch, den Körper vor oxidativem Stress zu schützen.

Mögliche Nebenwirkungen:

In hohen Dosen (über 2 g täglich) kann Vitamin C zu Magenbeschwerden, Durchfall und Nierensteinen führen.

Tri-Magnesiumdicitrat

Wirkung:

Magnesium unterstützt zahlreiche physiologische Funktionen, darunter die Muskelfunktion, die Nervenübertragung und die Energieproduktion. Magnesiumdicitrat ist gut bioverfügbar.

Mögliche Nebenwirkungen:

Zu hohe Mengen können zu Durchfall, Übelkeit und Magenbeschwerden führen.

MSM (Methylsulfonylmethan, OptiMSM®)

Wirkung:

MSM wird als entzündungshemmendes Mittel verwendet und soll Gelenke, Haut und Haare unterstützen. Es ist bekannt für seine schmerzlindernden und entzündungshemmenden Eigenschaften.

Mögliche Nebenwirkungen:

In hohen Dosen kann MSM Kopfschmerzen, Verdauungsstörungen oder Hautreaktionen verursachen.

Curcumawurzel-Pulver

Wirkung:

Curcumin, der aktive Bestandteil der Curcumawurzel, hat starke entzündungshemmende und antioxidative Eigenschaften. Es kann bei der Behandlung von Entzündungen, Gelenkschmerzen und der Verbesserung der Verdauung hilfreich sein.

Mögliche Nebenwirkungen:

Hohe Dosen können Magenbeschwerden, Übelkeit oder Verdauungsstörungen verursachen. Es kann auch mit bestimmten Medikamenten interagieren.

Inulin

Wirkung:

Inulin ist ein Ballaststoff, der als Präbiotikum wirkt, das heißt, er fördert das Wachstum gesunder Darmbakterien. Es hilft auch, die Blutfettwerte zu regulieren.

Mögliche Nebenwirkungen:

Inulin kann bei hoher Dosierung Blähungen, Bauchschmerzen oder Durchfall verursachen, besonders bei empfindlichen Personen.

L-Taurin

Wirkung:

Taurin ist eine Aminosäure, die eine Rolle bei der Regulierung des Wasser- und Elektrolythaushaltes sowie bei der Unterstützung des Herz-Kreislaufsystems spielt. Es ist auch wichtig für die Entgiftung und die Aufrechterhaltung der Zellfunktion.

Mögliche Nebenwirkungen:

In sehr hohen Dosen kann Taurin Kopfschmerzen oder Nervosität verursachen, aber dies ist bei moderaten Mengen selten.

Zimt

Wirkung:

Ceylon-Zimt enthält Antioxidantien und kann helfen, den Blutzucker zu regulieren und entzündliche Prozesse zu lindern. Er wird oft als Gewürz und Heilmittel gegen Verdauungsprobleme genutzt.

Mögliche Nebenwirkungen:

Zu viel Zimt (besonders Cassia-Zimt, nicht Ceylon) kann aufgrund des hohen Cumarin-Gehalts die Leber schädigen. Ceylon-Zimt hat jedoch einen viel geringeren Cumarin-Anteil.

Kieselerde

Wirkung:

Kieselerde enthält Silizium, das für die Gesundheit von Haut, Haaren und Nägeln wichtig ist. Es kann auch die Knochenstruktur und das Bindegewebe unterstützen.

Mögliche Nebenwirkungen:

In sehr hohen Dosen können Magen-Darm-Beschwerden auftreten. Generell ist Kieselerde aber gut verträglich.

Zusammenfassend

Die von dir genannten Stoffe können viele Vorteile für Gesundheit und Wohlbefinden bieten, insbesondere im Bereich der Haut-, Haar- und Gelenkgesundheit sowie der Unterstützung von Verdauung und Immunfunktion. Die Rezeptur ist von Dr. von Helden und seit 2024 auf den Markt erhältlich.

Methylenblau

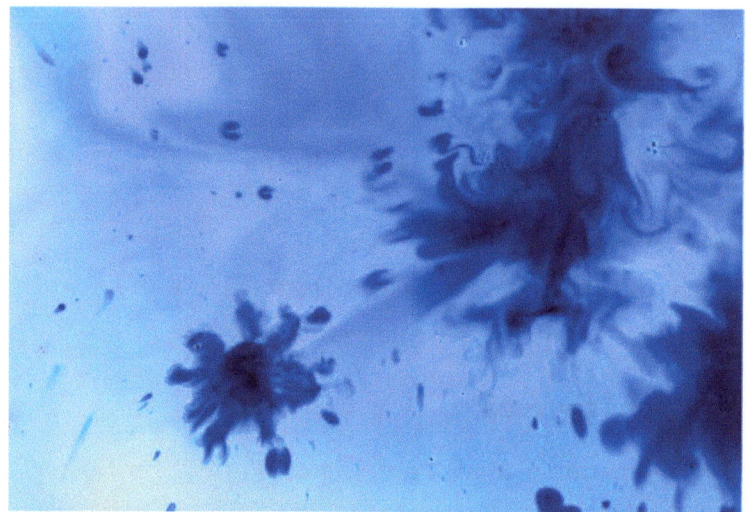

Wirkung:

Antioxidativ, schützt die Mitochondrien, wird in der Forschung bei neurodegenerativen Erkrankungen untersucht.

Besonderheit:

Kann als Farbstoff wirken, Anwendung oft experimentell.

Methylenblau (chemisch: Tetramethylthioninchlorid) ist ein synthetischer Farbstoff und Wirkstoff, der sowohl in der Medizin als auch in der Forschung verwendet wird. Ursprünglich wurde es im 19. Jahrhundert zur Textilfärbung entwickelt, doch seine besonderen chemischen Eigenschaften haben es zu einem vielseitigen Werkzeug in der Biologie und Medizin gemacht.

Eigenschaften von Methylenblau

Farbe: Intensiv blaue, wasserlösliche Verbindung.

Chemische Klasse: Gehört zu den Phenothiazinen.

Redox-Aktivität: Methylenblau kann Elektronen aufnehmen und abgeben, was es in der zellulären Atmungskette besonders effektiv macht.

Wie wirkt Methylenblau auf den Körper?

Förderung des zellulären Energiestoffwechsels

Methylenblau wirkt auf die Mitochondrien (die "Kraftwerke" der Zellen) und unterstützt die Produktion von Adenosintriphosphat (ATP), der Hauptenergiequelle der Zellen. Es fungiert als Elektronentransporter in der mitochondrialen Atmungskette und kann so geschädigte Energieprozesse stabilisieren.

Antioxidative Wirkung

Methylenblau kann reaktive Sauerstoffspezies (ROS) neutralisieren und oxidativen Stress reduzieren. Oxidativer Stress ist mit Zellschäden, Alterungsprozessen und verschiedenen Krankheiten assoziiert.

Neuroprotektive Eigenschaften

Es hat das Potenzial, neurodegenerative Erkrankungen wie Alzheimer oder Parkinson zu beeinflussen, indem es die Energieversorgung im Gehirn verbessert und Schäden durch oxidativen Stress minimiert.

Antimikrobielle Wirkung

Methylenblau besitzt antibakterielle, antivirale und antiparasitäre Eigenschaften. Es wird beispielsweise in der Malariatherapie eingesetzt.

Behandlung von Methämoglobinämie

Methylenblau ist ein lebensrettendes Mittel bei Methämoglobinämie, einem Zustand, bei dem die roten Blutkörperchen Sauerstoff nicht mehr effektiv transportieren können. Es reduziert Methämoglobin wieder zu funktionalem Hämoglobin.

Anti-Aging-Effekt

Methylenblau wird aufgrund seiner mitochondrialen Wirkungen und antioxidativen Eigenschaften auch als Anti-Aging-Substanz untersucht. Es gibt Hinweise, dass es die Zellfunktion verbessern und Alterungsprozesse verlangsamen kann.

Potenzielle Verbesserung der kognitiven Funktion

Einige Studien zeigen, dass Methylenblau das Gedächtnis und die kognitive Leistung durch eine verbesserte neuronale Energieversorgung fördern kann.

Anwendung und Dosierung

Methylenblau wird in der Medizin oral, intravenös oder topisch angewendet. Die Dosierung hängt von der Indikation ab. Bei niedrigen Dosierungen wird es zur mitochondrialen Unterstützung oder neurokognitiven Verbesserung eingesetzt, während höhere Dosierungen bei Methämoglobinämie verwendet werden.

Mögliche Nebenwirkungen und Vorsichtsmaßnahmen

Nebenwirkungen:

Übelkeit, Erbrechen, Kopfschmerzen, erhöhter Blutdruck, Verfärbung von Urin oder Haut (bläulicher Ton).

Kontraindikationen:

Methylenblau sollte nicht mit bestimmten Antidepressiva (MAO-Hemmern, SSRI) kombiniert werden, da es das Risiko eines Serotonin-Syndroms erhöhen kann.

Zusammenfassung der Wirkungen

Methylenblau ist ein vielseitiges Molekül mit positiven Effekten auf den Energiestoffwechsel, antioxidative Kapazität und zelluläre Gesundheit. In der Medizin hat es wichtige Anwendungen, aber es sollte mit Bedacht und unter Aufsicht eines Experten verwendet werden.

Beispiel für die Anwendung/Einnahme von Methylenblau

Medizinische Anwendung:

- Behandlung von Methämoglobinämie:
- **Dosierung:** 1-2 mg/kg Körpergewicht intravenös verabreicht, verdünnt in 50 ml physiologischer Kochsalzlösung.
- **Wirkweise:** Methylenblau wirkt als Elektronendonator, der Methämoglobin (eine Form von Hämoglobin, die Sauerstoff nicht transportieren kann) wieder in funktionelles Hämoglobin umwandelt.

Nahrungsergänzung und experimentelle Anwendungen (Biohacking):

- Kognitive Unterstützung (in niedrigen Dosen):
- **Dosierung:** 0,5–1 mg/kg Körpergewicht oral eingenommen (in Form einer stark verdünnten Lösung im Wasser oder zur Vermeidung einer Blaufärbung mit Orangensaft).
- **Wirkweise:** Methylenblau wirkt in geringen Dosen als Mitochondrien-Supporter, indem es den zellulären Energiefluss unterstützt und als Antioxidans wirkt.
- **Anwendung:** Wird gelegentlich als „nootropisches" Mittel verwendet, um mentale Klarheit und Energie zu fördern.

Vorsichtsmaßnahmen

- **Einnahme nur unter ärztlicher Aufsicht**, insbesondere bei hochdosierter Anwendung.
- Methylenblau ist nicht für die langfristige Einnahme gedacht und kann Wechselwirkungen mit Medikamenten haben (z. B. Antidepressiva wie SSRIs, die das Risiko eines Serotonin-Syndroms erhöhen).

Beispielrezept zur oralen Einnahme (Biohacking, keine medizinische Empfehlung):

Zutaten:

- 0,5 mg Methylenblau pro Kilogramm Körpergewicht (z. B. 35 mg für eine Person mit 70 kg).
- 200 ml destilliertes Wasser oder Orangensaft.

Zubereitung:

- Methylenblau in destilliertem Wasser auflösen und in kleinen Schlucken trinken.

Anwendung:

- Maximal einmal täglich und nicht länger als ein bis zwei Wochen.

Warnhinweise:

- Methylenblau sollte **nicht ohne Beratung** durch einen Arzt verwendet werden, da es Nebenwirkungen haben kann, darunter Übelkeit, Blaufärbung von Urin und Haut sowie selten schwere Reaktionen wie Serotonin-Syndrom.
- Eine Selbstmedikation oder höhere Dosen können gefährlich sein.

Vitamin B (B-Komplex)

Wirkung:

Fördert Energieproduktion, Nervenfunktion, rote Blutkörperchen und Stoffwechselprozesse.

Besonderheit:

Jede B-Vitamin-Gruppe (B1, B6, B12 usw.) hat spezifische Funktionen, z. B. B12 für Nervengesundheit.

Ein Vitamin-B-Komplex besteht aus einer Gruppe von acht essenziellen B-Vitaminen, die eng miteinander zusammenarbeiten, um wichtige Stoffwechselfunktionen zu unterstützen. Hier ist eine Übersicht über ihre Hauptwirkungen:

Energieproduktion

B-Vitamine spielen eine zentrale Rolle im Energiestoffwechsel:

- **Vitamin B1 (Thiamin)**: Hilft bei der Umwandlung von Kohlenhydraten in Energie.
- **Vitamin B2 (Riboflavin) und B3 (Niacin)**: Unterstützen die Energiegewinnung aus Fetten und Proteinen.
- **Vitamin B5 (Pantothensäure):** Essenziell für die Synthese von Coenzym A, das für den Fettabbau benötigt wird.

Gehirn- und Nervenfunktion

- **Vitamin B6 (Pyridoxin):** Fördert die Synthese von Neurotransmittern wie Serotonin, Dopamin und GABA, die Stimmung und Schlaf regulieren.
- **Vitamin B12 (Cobalamin):** Unterstützt die Myelinschicht, die die Nerven schützt, und verbessert die Konzentrationsfähigkeit.
- **Vitamin B1 und B9 (Folat):** Sind entscheidend für Gedächtnis und Denkprozesse.

Blutbildung und Sauerstofftransport

- **Vitamin B9 (Folsäure) und B12:** Fördern die Bildung roter Blutkörperchen und verhindern Anämie.
- **Vitamin B6**: Unterstützt die Produktion von Hämoglobin, das Sauerstoff im Blut transportiert.

Stoffwechsel und Entgiftung

- **Vitamin B3**: Hilft bei der Regulierung von Cholesterin und Triglyceriden.
- **Vitamin B5**: Fördert die Hormonproduktion in den Nebennieren und unterstützt die Entgiftung.
- **Vitamin B7 (Biotin)**: Notwendig für den Abbau von Fetten und Kohlenhydraten.

Haut, Haare und Nägel

- **Vitamin B7 (Biotin):** Verbessert die Gesundheit der Haut und beugt Haarausfall vor.
- **Vitamin B2:** Fördert die Wundheilung und reduziert Hautirritationen.

Herz-Kreislauf-System

- **Vitamin B6, B9 und B12:** Reduzieren Homocystein, eine Aminosäure, die in hohen Mengen das Risiko von Herzerkrankungen erhöht.

Immunsystem

- **Vitamin B6:** Unterstützt die Bildung von Antikörpern und weiße Blutkörperchen.

Zusammenfassung der Vorteile

Ein hochwertiger Vitamin-B-Komplex:

- Erhöht Energie und reduziert Müdigkeit.
- Fördert die geistige Leistungsfähigkeit und senkt Stress.
- Unterstützt das Immunsystem und die Hautgesundheit.
- Beugt Mangelerscheinungen vor, die durch Stress, schlechte Ernährung oder Krankheiten entstehen können.

Empfehlungen für die Einnahme

- **Dosierung**: Am besten gemäß der empfohlenen Tagesdosis (RDA).
- **Einnahmezeit**: Morgens, da B-Vitamine Energie liefern können.
- **Kombination**: Mit einer Mahlzeit einnehmen, um die Aufnahme zu verbessern.

Fazit

Um ausreichend mit allen B-Vitaminen versorgt zu sein, ist eine abwechslungsreiche Ernährung entscheidend. Verschiedene Lebensmittel enthalten unterschiedliche B-Vitamine, sodass eine Kombination aus tierischen und pflanzlichen Lebensmitteln optimal ist.

Hier ist eine Übersicht der B-Vitamine und ihrer besten Quellen:

Vitamin B1 (Thiamin)

Wichtig für den Energiestoffwechsel und das Nervensystem.

Quellen: Vollkornprodukte (z. B. Haferflocken, Vollkornbrot), Hülsenfrüchte (Linsen, Bohnen), Sonnenblumenkerne, Schweinefleisch, Kartoffeln.

Vitamin B2 (Riboflavin)

Essenziell für Haut, Augen und den Energiestoffwechsel.

Quellen: Milchprodukte, Eier, grünes Gemüse (z. B. Brokkoli, Spinat), Mandeln, Fisch, Vollkornprodukte.

Vitamin B3 (Niacin)

Unterstützt die Zellfunktion und Energieproduktion.

Quellen: Geflügel, Fisch (z. B. Thunfisch, Lachs), Erdnüsse, Vollkornprodukte, Pilze, Kaffee.

Vitamin B5 (Pantothensäure)

Beteiligt an der Hormonproduktion und Fettstoffwechsel.

Quellen: Fleisch, Eier, Avocados, Brokkoli, Süßkartoffeln, Vollkornprodukte, Hülsenfrüchte.

Vitamin B6 (Pyridoxin)

Wichtig für das Immunsystem, den Eiweißstoffwechsel und die Nerven.

Quellen: Bananen, Huhn, Fisch (z. B. Lachs, Makrele), Kartoffeln, Walnüsse, Spinat, Vollkornprodukte.

Vitamin B7 (Biotin)

Fördert gesunde Haut, Haare und Nägel sowie den Stoffwechsel.

Quellen: Eier (insbesondere das Eigelb), Mandeln, Walnüsse, Sojabohnen, Haferflocken, Spinat, Süßkartoffeln.

Vitamin B9 (Folsäure)

Wichtig für die Zellteilung und Blutbildung.

Quellen: Blattgemüse (z. B. Spinat, Grünkohl), Hülsenfrüchte (Linsen, Bohnen), Avocado, Zitrusfrüchte, Vollkornprodukte, Spargel.

Vitamin B12 (Cobalamin)

Beteiligt an der Blutbildung, DNA-Synthese und Nervenfunktion.

Quellen: Fleisch (z. B. Rind, Geflügel), Fisch (z. B. Lachs, Makrele), Milchprodukte, Eier, angereicherte pflanzliche Alternativen (z. B. pflanzliche Milch).

Empfohlene tägliche Ernährung zur B-Vitamin-Versorgung

Um alle B-Vitamine abzudecken, könnte ein beispielhafter Tagesplan so aussehen:

- **Frühstück:** Vollkornbrot mit Avocado und Ei.
- **Snack:** Eine Handvoll Mandeln und ein Apfel.
- **Mittagessen:** Gegrillter Lachs mit Kartoffeln und gedünstetem Brokkoli.
- **Snack:** Naturjoghurt mit Haferflocken und Banane.
- **Abendessen:** Hühnchenbrust mit einer Linsensuppe und Spinat.

Tipp für Vegetarier/Veganer:

Besonders Vitamin B12 ist in einer rein pflanzlichen Ernährung schwer zu decken. Hier sind angereicherte Lebensmittel (z. B. Soja- oder Mandelmilch) oder Nahrungsergänzungsmittel empfehlenswert.

Kollagen

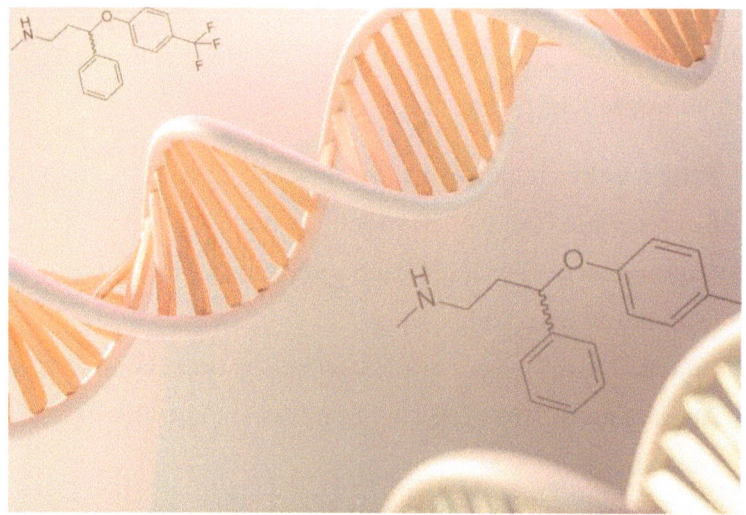

Wirkung:

Fördert Hautelastizität, stärkt Gelenke, Knochen und Haare.

Besonderheit:

Wichtiges Strukturprotein im Körper, unterstützt Anti-Aging.

Kollagen ist ein körpereigenes Protein, das für die Struktur, Elastizität und Festigkeit von Haut, Gelenken, Knochen und Bindegewebe verantwortlich ist. Kollagenpulver ergänzt die natürliche Kollagenproduktion, die mit dem Alter abnimmt. Hier sind die wichtigsten Wirkungen:

Haut

- **Fördert Elastizität**: Stärkt die Hautstruktur und reduziert Faltenbildung.
- **Feuchtigkeitsversorgung**: Verbessert die Hydration der Haut.
- **Regeneration**: Unterstützt die Heilung von Narben und Wunden.

Haare und Nägel

- **Kräftigt Haarwurzeln**: Kann Haarausfall vorbeugen und das Haarwachstum fördern.
- **Stärkt Nägel**: Reduziert Brüchigkeit und fördert gesunde Nägel.

Gelenke und Knochen

- **Verbessert Gelenkgesundheit**: Lindert Gelenkschmerzen und fördert die Beweglichkeit, insbesondere bei Arthrose oder hoher Belastung.

- **Knochendichte**: Unterstützt die Stabilität und Festigkeit der Knochen.

Muskulatur

- **Regeneration**: Fördert die Erholung nach dem Training und unterstützt den Muskelaufbau.

- **Sehnen und Bänder**: Verbessert die Elastizität und Belastbarkeit.

Darmgesundheit

- **Heilung der Darmschleimhaut**: Unterstützt bei "Leaky Gut"-Syndrom und verbessert die Verdauung.

- **Entzündungshemmend**: Fördert die Darmgesundheit durch Glycin, eine Aminosäure mit entzündungshemmenden Eigenschaften.

Anwendung von Kollagenpulver

Dosierung

- Üblich sind 5-10 g pro Tag, je nach Ziel und Bedarf.
- Kann in Wasser, Smoothies, Kaffee, Tee oder Joghurt eingerührt werden.

Einnahmezeitpunkt

- **Morgens**: Um die Hautregeneration zu fördern und mit Energie in den Tag zu starten.
- **Nach dem Training**: Für die Muskelregeneration und Gelenkunterstützung.
- **Abends**: Glycin im Kollagen kann beruhigend wirken und den Schlaf fördern.

Wichtige Hinweise

- **Verträglichkeit**: Für die meisten gut verträglich. Bei Allergien oder Empfindlichkeiten auf tierisches Eiweiß (z. B. Rind, Fisch) Vorsicht.
- **Kombination**: Mit Vitamin C einnehmen, da es die Kollagenbildung fördert.

Langfristige Vorteile

Regelmäßige Einnahme von Kollagenpulver zeigt oft nach 4-8 Wochen sichtbare Verbesserungen in Haut, Haaren, Nägeln und Beweglichkeit. Es ist eine effektive Ergänzung, um den natürlichen Alterungsprozess zu unterstützen. Wichtig ist hier auch wie bei allen Supplements auf die Qualität und Herkunft zu achten.

Parasitenmittel

Wirkung:

Reinigt den Darm, entfernt Parasiten und unterstützt die Darmgesundheit.

Besonderheit:

Natürliche Parasitenmittel bieten eine sanfte, aber wirkungsvolle Möglichkeit, den Körper von unerwünschten Eindringlingen wie Würmern, Protozoen und anderen Parasiten zu befreien. Im Gegensatz zu synthetischen Medikamenten wirken sie oft breiter auf verschiedene Parasitenarten, unterstützen gleichzeitig die Darmgesundheit und haben meist weniger Nebenwirkungen.

Beste Pflanzenstoffe gegen Parasiten und ihre Anwendung

Parasiten können den Körper durch verschiedene Wege belasten, wie den Magen-Darm-Trakt, das Blut oder die Haut. Verschiedene Pflanzenstoffe wirken antiparasitär und können auf natürliche Weise helfen, Parasiten zu bekämpfen. Hier eine Übersicht der effektivsten Pflanzenstoffe und deren Anwendung:

Wermut (Artemisia absinthium)

Wirkung:

Enthält Bitterstoffe und ätherische Öle (wie Thujon), die antiparasitär wirken. Besonders effektiv gegen Darmparasiten wie Würmer.

Anwendung:

- Tee: 1 TL getrocknete Wermutblätter mit 250 ml heißem Wasser übergießen, 10 Minuten ziehen lassen, zweimal täglich trinken.
- Tinktur: 20 Tropfen vor den Mahlzeiten in Wasser verdünnt einnehmen.

Schwarzwalnuss (Juglans nigra)

Wirkung:

Reich an Juglon, Tanninen und Bitterstoffen, die Parasiten abtöten und die Verdauung fördern. Besonders wirksam gegen Bandwürmer.

Anwendung:

- Tinktur: 20 Tropfen in Wasser verdünnt, ein- bis zweimal täglich über 14 Tage einnehmen.

Nelken (Syzygium aromaticum)

Wirkung:

Enthält Eugenol, ein starkes Antioxidans mit antiparasitärer und antibakterieller Wirkung. Besonders effektiv bei der Beseitigung von Parasiten-Eiern.

Anwendung:

- Pulver: 1/4 TL Nelkenpulver in Wasser oder Tee, einmal täglich über 10 Tage einnehmen.
- Kombinierbar mit Wermut und Schwarzwalnuss für eine umfassende Parasitenkur.

Knoblauch (Allium sativum)

Wirkung:

Enthält Allicin, ein starkes antimikrobielles und antiparasitäres Mittel. Besonders wirksam gegen Giardien und Darmwürmer.

Anwendung:

- Frisch: 1-2 frische Zehen täglich essen.
- Extrakt: 500-1000 mg Knoblauchextrakt als Nahrungsergänzungsmittel.

Kürbiskerne (Cucurbita pepo)

Wirkung:

Reich an Cucurbitacin, das Parasiten lähmt und deren Ausscheidung fördert. Besonders gegen Band- und Spulwürmer wirksam.

Anwendung:

- Roh: 30-50 g geschälte Kürbiskerne auf nüchternen Magen essen.
- Paste: 50 g Kerne mahlen und mit Honig zu einer Paste mischen, morgens einnehmen.

Papaya-Samen (Carica papaya)

Wirkung:

Enthält Enzyme wie Papain, die Parasiten zersetzen und deren Fortpflanzung hemmen.

Anwendung:

- Samen roh kauen oder mahlen und mit Wasser oder Saft einnehmen.
- Dosierung: 1 TL gemahlene Samen täglich über 7 Tage.

Oregano-Öl (Origanum vulgare)

Wirkung:

Enthält Carvacrol und Thymol, die stark antiparasitär wirken. Effektiv gegen Darmparasiten und Candida.

Anwendung:

- Öl: 3-5 Tropfen in Wasser verdünnt, zweimal täglich vor den Mahlzeiten einnehmen.

Grapefruitkernextrakt

Wirkung:

Enthält Flavonoide und Antioxidantien, die gegen eine Vielzahl von Parasiten wirksam sind.

Anwendung:

- Tinktur: 10-15 Tropfen in Wasser verdünnt, zweimal täglich einnehmen.

Zistrose (Cistus incanus)

Wirkung:

Enthält Polyphenole, die Viren, Bakterien und Parasiten abwehren. Unterstützt die Immunabwehr.

Anwendung:

- Tee: 1 TL Zistrosenkraut in 250 ml Wasser, zweimal täglich trinken.

Ingwer (Zingiber officinale)

Wirkung:

Fördert die Verdauung und hat antiparasitäre Eigenschaften. Besonders effektiv gegen Darmparasiten.

Anwendung:

- Tee: Frischen Ingwer reiben und 1 TL mit heißem Wasser aufgießen, 10 Minuten ziehen lassen.

Kombinierte Parasitenkur (Beispiel)

- **Morgens**: 1 TL Kürbiskerne + 10 Tropfen Schwarzwalnuss-Tinktur.
- **Mittags**: Tee aus Wermut und Nelken.
- **Abends**: Knoblauchzehe und Papaya-Samen.

Hinweis

Pflanzliche Mittel wirken unterstützend, aber eine Rücksprache mit einem Arzt oder Heilpraktiker ist bei starken Beschwerden notwendig. Einige Mittel können Wechselwirkungen mit Medikamenten haben.

Grapefruitkernextrakt

Wirkung:

Antimikrobiell, antiviral und antioxidativ, stärkt das Immunsystem.

Besonderheit:

Natürliches Breitbandmittel gegen Keime, fördert Magen-Darm-Gesundheit.

Grapefruitkernextrakt (GKE) wird aus den Samen und teilweise der Schale der Grapefruit gewonnen und enthält bioaktive Substanzen wie Flavonoide (z. B. Naringin) und Vitamin C. Es ist bekannt für seine vielseitigen gesundheitsfördernden Eigenschaften, insbesondere im Bereich der natürlichen Heilmittel.

Wirkungen auf den Körper

Antimikrobielle Wirkung:

- Wirkt gegen Bakterien, Viren, Pilze und Parasiten.
- Hemmt das Wachstum schädlicher Keime, insbesondere im Magen-Darm-Trakt (z. B. Candida-Pilze).
- Unterstützt die natürliche Darmflora durch gezielte Keimbekämpfung.

Stärkung des Immunsystems:

- Unterstützt die körpereigene Abwehr durch antioxidative Flavonoide.
- Kann die Genesung bei Infekten fördern.

Entzündungshemmend:

- Reduziert Entzündungen durch seine antioxidative Wirkung.
- Hilft bei entzündlichen Hauterkrankungen wie Akne oder Ekzemen.

Förderung der Verdauung:

- Unterstützt die Darmgesundheit und kann Verdauungsprobleme wie Blähungen, Durchfall oder Verstopfung lindern.
- Fördert die Entgiftung und schützt die Leber.

Hautpflege:

- Wirkt antiseptisch bei äußerer Anwendung (z. B. bei kleinen Wunden oder Pilzinfektionen).
- Kann bei Akne oder Schuppenflechte hilfreich sein.

Antioxidative Eigenschaften:

- Neutralisiert freie Radikale, die Zellschäden verursachen können.
- Kann dem Alterungsprozess vorbeugen und das Herz-Kreislauf-System schützen.

Vorsichtsmaßnahmen und Nebenwirkungen

Wechselwirkungen mit Medikamenten:

Grapefruitkernextrakt kann ähnlich wie Grapefruitsaft Enzyme in der Leber hemmen (z. B. CYP3A4), was die Wirkung bestimmter Medikamente beeinflusst (z. B. Blutdruckmittel oder Statine).

Hautreizungen:

Bei konzentrierter äußerer Anwendung kann es zu Reizungen kommen – immer verdünnen.

Allergien:

Menschen mit einer Zitrusallergie sollten vorsichtig sein.

Empfohlene Anwendung

Innerlich:

Einige Tropfen GKE in Wasser oder Saft verdünnt, z. B. zur Stärkung des Immunsystems oder gegen Magen-Darm-Probleme.

Äußerlich:

Verdünnt zur Behandlung von Hauterkrankungen oder als Mundspülung bei Zahnfleischentzündungen.

Fazit

Die genannten Supplements decken ein breites Spektrum ab – von Zellschutz und Energieproduktion über Entzündungshemmung bis hin zur Unterstützung von Haut und Gelenken. Ihre Anwendung sollte individuell auf die Bedürfnisse abgestimmt und idealerweise mit einem Experten besprochen werden. Grapefruitkernextrakt ist ein vielseitiges, natürliches Heilmittel, das bei richtiger Anwendung eine breite Palette an Gesundheitsproblemen unterstützen kann.

OPC

Wirkung von OPC (Oligomere Proanthocyanidine):

OPC, ein Pflanzenstoff aus der Gruppe der Polyphenole, ist ein kraftvolles Antioxidans, das vor allem aus Traubenkernen, Pinienrinde oder bestimmten Beeren gewonnen wird. Es hat eine Vielzahl positiver Wirkungen auf den Körper:

Antioxidative Wirkung

- OPC neutralisiert freie Radikale, die durch Umweltgifte, UV-Strahlung oder Stress entstehen und Zellschäden verursachen können.
- Es schützt die Zellen vor oxidativem Stress und trägt zur Verlangsamung des Alterungsprozesses bei.

Unterstützung des Herz-Kreislauf-Systems

- Fördert die Durchblutung, indem es die Elastizität der Blutgefäße verbessert.
- Senkt das Risiko von Arteriosklerose, da es die Oxidation von LDL-Cholesterin verhindert.
- Stärkt die Kapillarwände und vermindert Schwellungen oder Krampfadern.

Förderung der Hautgesundheit

- Schützt die Haut vor schädlichen Umwelteinflüssen und unterstützt die Kollagenbildung.
- Kann dazu beitragen, die Hautelastizität zu erhalten und Faltenbildung zu reduzieren.
- Hilft bei der Regeneration der Haut nach Verletzungen oder UV-Schäden.

Immunstärkend

- Unterstützt die Funktion des Immunsystems, indem es Entzündungen reduziert und antioxidativen Schutz bietet.
- Kann die Heilung von Infektionen fördern und entzündliche Prozesse lindern.

Gehirngesundheit

- Schützt Nervenzellen vor oxidativen Schäden und verbessert die Durchblutung des Gehirns.
- Kann dazu beitragen, das Risiko neurodegenerativer Erkrankungen wie Alzheimer zu senken.

Unterstützung bei Diabetes

- OPC kann helfen, die Insulinsensitivität zu verbessern und Blutzuckerspitzen nach Mahlzeiten zu reduzieren.
- Schützt die Blutgefäße vor Schäden, die durch hohen Blutzucker entstehen können.

Augen- und Sehkraft

- Fördert die Durchblutung der Netzhaut und schützt vor degenerativen Augenkrankheiten.
- Kann Symptome von Augenermüdung lindern und die Sehfunktion verbessern.

Allgemeine Gesundheitsförderung

- Unterstützt die Wundheilung durch verbesserte Kollagenbildung.
- Kann Schmerzen und Schwellungen bei chronischen Entzündungen wie Arthritis lindern.

Anwendung und Dosierung

- OPC ist als Nahrungsergänzungsmittel in Kapselform erhältlich.
- Dosierungen von 100–300 mg pro Tag gelten als sicher und effektiv.
- Es wird empfohlen, OPC zu den Mahlzeiten einzunehmen, um die Aufnahme zu verbessern.

Fazit

OPC ist ein vielseitiges Antioxidans mit zahlreichen positiven Effekten auf die Gesundheit. Es schützt Zellen, unterstützt Herz und Kreislauf, fördert die Hautgesundheit und stärkt das Immunsystem. Als Ergänzung zur täglichen Ernährung kann es ein wertvoller Baustein für ein gesundes Leben sein.

Das große Entgiftungsprogramm

6-Wochen-Entgiftungsprogramm

Woche 1–2: Vorbereitung und sanfter Einstieg

Morgenroutine:

- 1 Glas lauwarmes Wasser mit 1 TL Zeolith (Pulver) auf leeren Magen trinken.
- **Infrarotsauna**: 2–3 Mal pro Woche, jeweils 20–30 Minuten, um die Entgiftung über die Haut zu fördern.

Ernährung:

- Fokus auf gesunde Ernährung: Viel frisches Gemüse, Proteine (z. B. Linsen, Eier, mageres Fleisch, Fisch), wenig Zucker und Verarbeitetes.

- Kräutertee mit entwässernder Wirkung (z. B. Brennnessel, Löwenzahn, Artischocke).

Nahrungsergänzung:

- **Chlorella**: Start mit 1 g pro Tag, langsam auf 3 g steigern.
- **Alpha-Liponsäure**: 200 mg pro Tag (nach einer Mahlzeit).
- **Magnesium**: 300–400 mg täglich, idealerweise abends.
- Entgiftungstinktur-Tinktur (siehe Rezept): 3-mal täglich 20 Tropfen.

Körperpflege:

- **Natronbäder** (2–3 Mal pro Woche): 1 Tasse Natron in die Badewanne geben, 20 Minuten entspannen.
- **Zeolithbäder**: Abwechselnd mit Natronbädern anwenden, fördert die Hautentgiftung.

Woche 3–4: Vertiefung der Entgiftung

Erweiterte Maßnahmen:

- **DIY-Kosmetik**: Vermeidung von chemischen Produkten, stattdessen natürliche Alternativen wie selbstgemachte Salben, Deos und Shampoos.
- **Antiparasitäre Pflanzenstoffe**: Knoblauch, Wermut, Schwarzwalnusstinktur einnehmen (nach Packungsbeilage oder ärztlicher Absprache).

Ernährung:

- Weiterhin ballaststoffreich und proteinreich, Ergänzung durch Kurkuma-Pfeffer-Mix (z. B. 1 TL Kurkuma mit einer Prise Pfeffer in Wasser oder Tee).

Schutzmaßnahmen:

- Reduzierung von Umweltgiften und Strahlung durch die Nutzung von:
- **Shungit**: Schutz vor Elektrosmog, z. B. am Arbeitsplatz oder als Anhänger.
- **Kupferschmuck**: Unterstützt die Durchblutung und wirkt antioxidativ.
- **Bewegung:** Regelmäßige moderate Bewegung (Yoga, Spaziergänge, Schwimmen), um die Lymphe zu aktivieren.
- **Körperbewusstsein:** Achtsamkeitsübungen, um auf das eigene Körpergefühl zu hören.

Woche 5–6: Abschluss und Stabilisierung

Frequenzanwendung:

- Integration von heilenden Frequenzen durch Musik (432 Hz oder 528 Hz).
- Vermeidung schädlicher Frequenzen durch reduzierte Nutzung von WLAN und Handys.

Vertiefung der Reinigung:

- Weiterhin Infrarotsauna, Zeolitheinnahme und Bäder.
- Kräutertee mit Löwenzahn und Artischocke für die Leber.

Ernährung:

Bleibe bei leicht verdaulichen, unverarbeiteten Lebensmitteln. Steigere die Proteinzufuhr zur Regeneration.

Abschluss:

Reflektiere über deinen Fortschritt und überlege, welche der Maßnahmen dauerhaft in deinen Alltag integriert werden können.

Zeolith: Wie schützt es dich?

- Bindet Schwermetalle, Ammoniak und andere Toxine im Darm und unterstützt deren Ausscheidung.
- Reguliert den pH-Wert des Körpers und stärkt das Immunsystem.

Shungit: Was kann dieser Stein?

- Reduziert Elektrosmog, indem er elektromagnetische Strahlung absorbiert.
- Fördert eine energetische Reinigung und sorgt für ein harmonisches Umfeld.

Keramikfaser/Infrarot und seine Eigenschaften:

- Fördert die Durchblutung und Regeneration durch Tiefenwärme.
- Unterstützt die Entgiftung über die Haut und lindert Muskelverspannungen.

Kupferschmuck: Warum und wie schützt er dich?

- Kupfer hat entzündungshemmende und antibakterielle Eigenschaften.
- Kann oxidativen Stress mindern und die Wundheilung fördern.

Körpergefühl/Bewusstsein: Wie aufbauen?

- Durch Achtsamkeit, Meditation und regelmäßige Bewegung kannst du dein Bewusstsein für die Bedürfnisse deines Körpers schärfen.
- Journaling über dein körperliches und mentales Wohlbefinden.

Frequenzen: Schädlich vs. Heilend

- **Schädliche Frequenzen**: WLAN, Mobilfunkstrahlen können oxidative Stressprozesse fördern.
- **Heilende Frequenzen**: 432 Hz und 528 Hz wirken beruhigend, regenerativ und fördern die Zellheilung.

Dieses Programm kombiniert sanfte und effektive Entgiftungsmaßnahmen mit einem Fokus auf natürliche Pflege, Schutz vor Umweltbelastungen und Aufbau eines stärkeren Körperbewusstseins.

Das sind die zusätzlichen unterstützenden Wirkungen für die Darmgesundheit:

Zeolith

- **Wirkung**: Bindet Schwermetalle, Toxine und schädliche Substanzen im Darm und fördert deren Ausscheidung.
- **Nutzen**: Reduziert die Belastung der Darmschleimhaut und verbessert das Mikrobiom.

Chlorella

- **Wirkung**: Entfernt Schwermetalle, unterstützt die Regeneration der Darmschleimhaut und fördert die Entgiftung.
- **Nutzen**: Fördert die Aufnahme von Nährstoffen und die Entlastung des Verdauungstrakts.

Kräutertees (Löwenzahn, Mariendistel, Artischocke)

- **Wirkung**: Unterstützen die Leber, welche eng mit der Darmgesundheit verknüpft ist. Sie regen die Gallenproduktion an, was die Fettverdauung verbessert.
- **Nutzen**: Fördern die Ausscheidung von Stoffwechselabfällen und sorgen für eine bessere Verdauung.

Natron- und Zeolithbäder

- **Wirkung**: Indirekte Unterstützung durch Entlastung der Entgiftungsorgane wie Haut und Leber.
- **Nutzen**: Erleichtern die Arbeit des Darms, indem die Ausscheidung von Giftstoffen unterstützt wird.

Ernährung

- **Wirkung**: Eine ballaststoffreiche und zuckerarme Ernährung fördert das Wachstum gesunder Darmbakterien.

- **Nutzen**: Gesunde Darmbakterien stärken die Darmschleimhaut, reduzieren Entzündungen und fördern die Verdauung.

Alpha-Liponsäure

- **Wirkung:** Reduziert oxidativen Stress, schützt die Darmschleimhaut vor Schäden und unterstützt die Regeneration.

- **Nutzen:** Wirkt entzündungshemmend und fördert eine gesunde Barrierefunktion des Darms.

Antiparasitäre Pflanzenstoffe (z. B. Knoblauch, Wermut)

- **Wirkung**: Entfernen schädliche Parasiten und Pilze, die das Gleichgewicht im Darm stören können.

- **Nutzen**: Wiederherstellung einer gesunden Darmflora.

Magnesium

- **Wirkung:** Fördert die Entspannung der Darmmuskulatur und beugt Verstopfungen vor.

- **Nutzen:** Unterstützt die regelmäßige Verdauung und die Darmbewegungen.

Aloe Vera

- **Wirkung:** Beruhigt die Darmschleimhaut und wirkt entzündungshemmend.
- **Nutzen:** Hilft bei Reizdarm und unterstützt die Heilung der Schleimhaut.

Kollagen

- **Wirkung:** Stärkt die Darmschleimhaut, indem es die Regeneration des Bindegewebes unterstützt.
- **Nutzen:** Kann bei Leaky Gut helfen und die Schutzbarriere des Darms aufbauen.

DIY-Kosmetik und Schadstoffvermeidung

- **Wirkung**: Reduziert die Aufnahme von Chemikalien, die die Leber und damit indirekt den Darm belasten könnten.
- **Nutzen**: Schützt den Darm vor unnötigen Schadstoffen.

Stressreduktion

- **Wirkung**: Stress beeinflusst das Darmhirn negativ und kann zu einer gestörten Darmfunktion führen.
- **Nutzen**: Maßnahmen wie Achtsamkeit, Meditation und Yoga stärken die Darm-Hirn-Achse.

Heilende Wirkung

Die Maßnahmen zielen auf:

- **Entzündungshemmung:** Durch Aloe Vera, Kollagen, Chlorella und entzündungshemmende Kräuter.

- **Regeneration der Darmschleimhaut:** Zeolith, Kollagen, Chlorella und eine gesunde Ernährung fördern die Heilung.

- **Entgiftung:** Zeolith, Chlorella und Kräutertees reduzieren toxische Belastungen, die den Darm reizen.

- **Aufbau des Mikrobioms:** Antiparasitäre Pflanzenstoffe und die Vermeidung von Zucker helfen, eine gesunde Darmflora zu etablieren.

Schlusswort

Die **stärksten Heilkräuter und Pflanzen** für Entgiftung zeigen uns die Kraft, die in der Natur verborgen liegt. Ihre Anwendung – ob als Tinktur, Tee oder in selbst hergestellten Produkten – hilft dem Körper, Schadstoffe auszuscheiden und die innere Balance wiederzufinden. Kräuter wie Mariendistel, Löwenzahn und Kurkuma sind wahre Verbündete für unsere Gesundheit.

Es wird immer deutlicher, dass **Ernährung und Gesundheit Hand in Hand gehen**. Was wir unserem Körper zuführen, beeinflusst unsere Vitalität und unser Wohlbefinden auf tiefgreifende Weise. Eine ausgewogene, nährstoffreiche Ernährung ist der Grundstein für ein gesundes Leben. Frische, unverarbeitete Lebensmittel und eine bewusste Esskultur bieten uns Schutz und Regeneration.

Die Welt der **Supplements** ist vielfältig, von klassischen wie Vitamin D und Magnesium bis hin zu außergewöhnlichen wie Alpha-Liponsäure oder Methylenblau. Richtig eingesetzt, können sie unser Wohlbefinden steigern und gezielt Defizite ausgleichen. Doch auch hier gilt: Qualität über Quantität und immer mit Bedacht.

Die Natur nutzen bedeutet nicht nur, von ihr zu nehmen, sondern auch in Harmonie mit ihr zu leben. Heilende Produkte aus Pflanzen und Kräutern lehren uns, die Weisheit der Natur zu schätzen. Ihre Anwendung in DIY-Produkten zeigt, dass die Kraft der Natur sowohl heilsam als auch nachhaltig ist.

Abschließend ist es wichtig, uns mit **umfassenden Schutzmaßnahmen** auseinanderzusetzen – sei es vor Umweltgiften, Elektrosmog oder schädlichen Gewohnheiten. Achtsamkeit, Entspannung und ein bewusster Lebensstil sind entscheidend, um Körper, Geist und Seele zu schützen und zu stärken.

Die Verbindung aus Natur, Wissen und Achtsamkeit schenkt uns eine ganzheitliche Gesundheit, die nicht nur heilt, sondern auch erhält. Nutzen wir diese Möglichkeiten, um ein Leben voller Vitalität und Ausgeglichenheit zu führen. 🌿

Quellenangaben

Coverdesign von KamranAydinov auf Freepik

Innendesign auf Freepik folgende :

Bild von azerbaijan_stockers

Bild von kjpargeter

Bild von KamranAydinov

Bild von Racool_studio

Bild von cookie_studio

Bild von Tatiana Goskova

Bild von jcomp

Bild von 8photo

Bild von rawpixel.com

Bild von Wirestock

Bild von rawpixel.com

Bild von katemangostar

Bild von valeria_aksakova

Bild von chandlervid85

Bild von jcomp

Bild von pvproductions

Bild von kaboompics

Bild von creativeart

Bild von wirestock

Bild von KamranAydinov

Bild von jcomp

Bild von KamranAydinov

Bild von KamranAydinov

Bild von rawpixel.com

Bild von azerbaijan_stockers

Danke

Ein herzliches Dankeschön an dich, lieber Leser/in, dass du dieses Buch in die Hand genommen hast. Deine Neugier, dein Wille zur Veränderung und dein Vertrauen in die Kraft der Natur sind es, die diesen Weg so wertvoll machen.

Ich bin zutiefst dankbar für all die Inspirationen, die mich auf meiner Reise begleitet haben – von traditionellen Heilmethoden über moderne Erkenntnisse bis hin zu den Menschen, die ihr Wissen und ihre Erfahrungen geteilt haben. Dieses Buch ist für alle, die bereit sind, Verantwortung für ihre Gesundheit zu übernehmen und sich auf natürliche Weise zu stärken.

Ein besonderer Dank gilt auch meinem Mann, der mich in meinen Interessen und Ideen immer unterstützt hat und mir den Rücken dafür freigehalten hat. Ohne ihn wären meine Projekte nur schwer umsetzbar gewesen.

Möge dieser Ratgeber dir als wertvoller Begleiter dienen, dich inspirieren und dir zeigen, dass die Natur alles bereithält, was wir für ein gesundes und erfülltes Leben brauchen.

Mit Liebe und Dankbarkeit,

Anna Christina Lensch

Alias AnnaSun

Haftungsausschluss

Dieses Buch dient ausschließlich der Information und Weiterbildung und stellt keine medizinische Beratung oder Diagnose dar. Die Inhalte basieren auf persönlichen Erfahrungen, traditionellen Heilmethoden und wissenschaftlichen Erkenntnissen, können jedoch keinen Ersatz für eine professionelle medizinische oder therapeutische Beratung, Diagnose oder Behandlung durch einen Arzt oder Heilpraktiker bieten.

Alle empfohlenen Maßnahmen, Rezepte, Nahrungsergänzungsmittel und Heilpflanzen sollten mit Bedacht und unter Berücksichtigung der individuellen gesundheitlichen Situation angewendet werden. Vor der Anwendung jeglicher beschriebenen Methoden, insbesondere bei bestehenden Erkrankungen, Schwangerschaft oder der Einnahme von Medikamenten, wird dringend geraten, Rücksprache mit einem qualifizierten Arzt oder Therapeuten zu halten.

Der Autor übernimmt keine Haftung für mögliche gesundheitliche Schäden oder unerwünschte Nebenwirkungen, die durch die Umsetzung der in diesem Buch enthaltenen Informationen entstehen könnten. Jede Anwendung erfolgt auf eigene Verantwortung.

Bitte beachte außerdem, dass Naturprodukte und alternative Heilmethoden individuell unterschiedlich wirken können und nicht in jedem Fall einen Erfolg garantieren.

Mit diesem Buch wird kein Heilversprechen gegeben. Es dient vielmehr dazu, Bewusstsein für natürliche Alternativen zu schaffen und Wissen für einen eigenverantwortlichen Umgang mit der eigenen Gesundheit zu vermitteln.

Meine Notizen